迷宫大全！

戴维·E·麦克亚当斯

版权 © 2025 戴维·E·麦克亚当斯。保留所有权利。

目录

《如何解迷宫：实用指南》 1
9×12 简单 方形迷宫 4
12×15 简单 方形迷宫 9
12×15 中等 方形迷宫 14
20×24 中等 方形迷宫 19
20×24 困难 方形迷宫 24
30×37 困难 方形迷宫 29
9×12 简单 三角形迷宫 34
12×15 简单 三角形迷宫 39
12×15 中等 三角形迷宫 44
20×24 中等 三角形迷宫 49
20×24 困难 三角形迷宫 54
30×37 困难 三角形迷宫 59
12×19 简单 六边形迷宫 64
15×23 简单 六边形迷宫 69
15×23 中等 六边形迷宫 74
24×39 中等 六边形迷宫 79
24×39 困难 六边形迷宫 84
37×59 困难 六边形迷宫 89
9×12 简单 菱形迷宫 94
12×15 简单 菱形迷宫 99
12×15 中等 菱形迷宫 104
20×24 中等 菱形迷宫 109
20×24 困难 菱形迷宫 114
30×37 困难 菱形迷宫 119
9×12 简单 斜方格 迷宫 124
12×15 简单 斜方格 迷宫 129
12×15 中等 斜方格 迷宫 134
20×24 中等 斜方格 迷宫 139
20×24 困难 斜方格 迷宫 144
30×37 困难 斜方格 迷宫 149
9×12 简单 斜方格 2 迷宫 154
9×12 简单 开罗镶嵌 迷宫 159
12×15 简单 开罗镶嵌 迷宫 164
13×16 简单 开罗镶嵌 迷宫 169
13×15 中等 开罗镶嵌 迷宫 174
20×24 中等 开罗镶嵌 迷宫 179
20×24 困难 开罗镶嵌 迷宫 184

30×37 困难 开罗镶嵌 迷宫	189
20×20 困难 圆形迷宫	194
25×25 困难 圆形迷宫	199
30×30 困难 圆形迷宫	204
35×35 困难 圆形迷宫	209
9×12 简单 方-三角迷宫	215
12×15 简单 方-三角迷宫	220
12×15 中等 方-三角迷宫	225
20×24 中等 方-三角迷宫	230
20×24 困难 方-三角迷宫	235
30×37 困难 方-三角迷宫	240
答案	245

《如何解迷宫：实用指南》

迷宫是由路径与死胡同组成的谜题。无论是在纸上、绿篱中，还是在数字世界里，目标都相同：从入口找到出口。以下是几种实用策略：

1. 贴墙法（右手/左手法）
   - 做法：在入口把一只手贴在墙上，始终不离墙前进，遇转弯就顺着墙转。
   - 适用：对"单连通"迷宫（没有与外墙分离的孤立区域）效果最好。
   - 优点：简单，不需记忆或绘图。
   - 缺点：若正解远离外墙，可能耗时较长。

2. 预判与规划
   - 做法：每步前先观察前方，预估死路与捷径；利用视觉线索判断回环或前进路径。
   - 适用：纸上或视野良好的迷宫。
   - 优点：减少回溯，提高效率。
   - 缺点：需要细致观察与一定试错。

3. 从出口反推
   - 做法：从出口朝入口方向回溯路径。
   - 适用：当你能看到整个迷宫时。
   - 优点：出口端分支更少时更易找到正路。
   - 缺点：实体迷宫未必可行或允许。

4. 轻笔标记（纸上迷宫）
   - 做法：用铅笔轻描行进路线，走错可擦；给死路做记号，避免重返。
   - 适用：印刷或手绘迷宫。
   - 优点：帮助记录探索进度。
   - 缺点：需要耐心与专注。

5. "面包屑"法（实体迷宫）
   - 做法：在路口放下小标记（硬币/小石），标注走过的路径。
   - 适用：玉米迷宫、密室逃脱等真实场景。
   - 优点：避免兜圈。
   - 缺点：有时不被允许或不方便。

6. 填死胡同法（算法思路）
   - 做法：先标出所有死胡同，再沿路回退，逐步剔除无效路径。
   - 适用：能看到完整布局的纸上或数字迷宫。
   - 优点：最终会收敛到正解。
   - 缺点：大型迷宫耗时。

7. 画图建模（复杂迷宫）
   - 做法：绘制探索过的路径图，标注分支、回路与路口。

适用：结构复杂或分多次解的迷宫。
优点：形成记录，效果显著。
缺点：较花时间与精力。

加分提示

保持冷静：迷路是体验的一部分。

用地标：在真实迷宫中留意独特特征。

记录选择：记住或记下左右转。

明确目标：是到中心、到出口，还是找隐藏物？

9×12 简单 方形迷宫

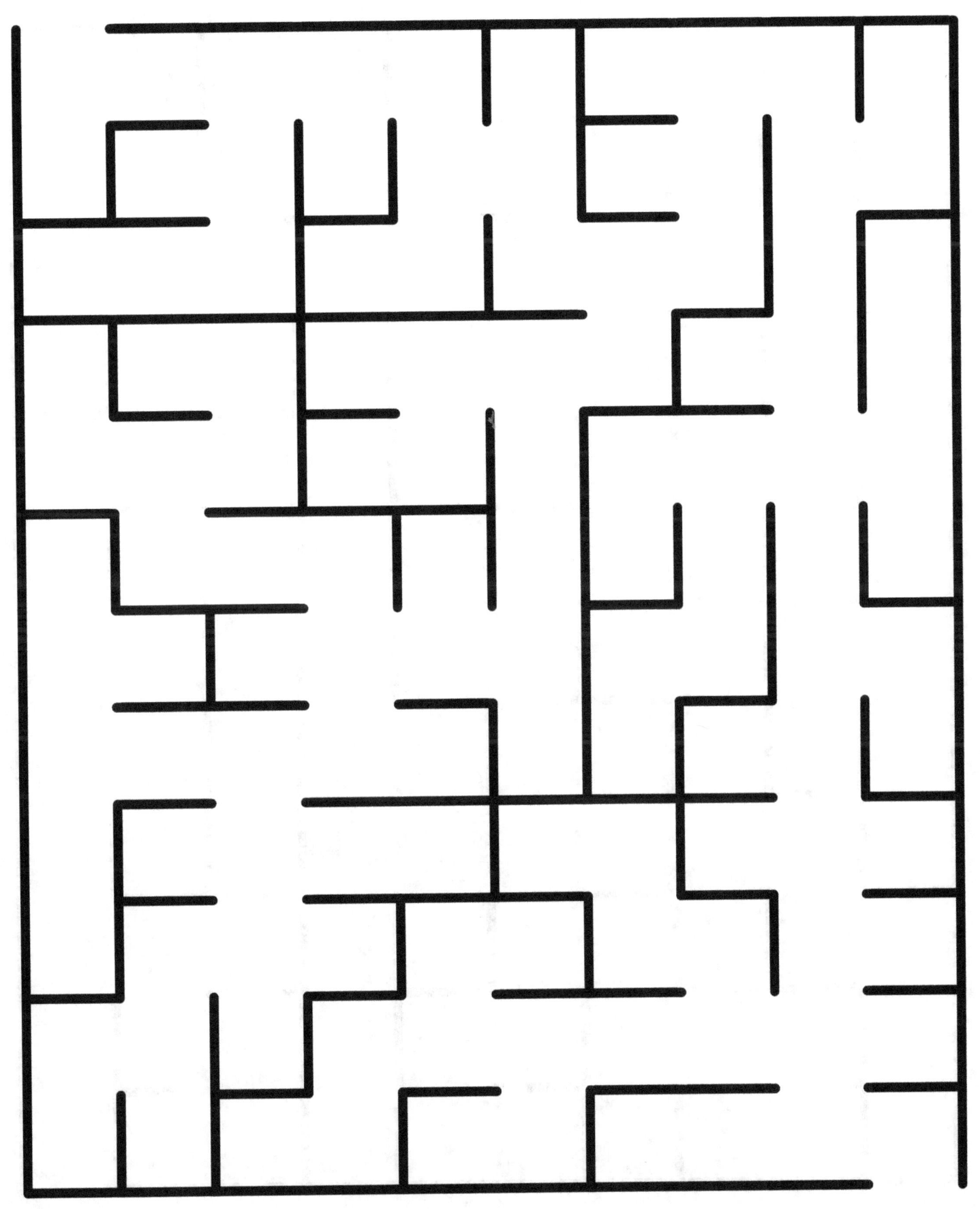

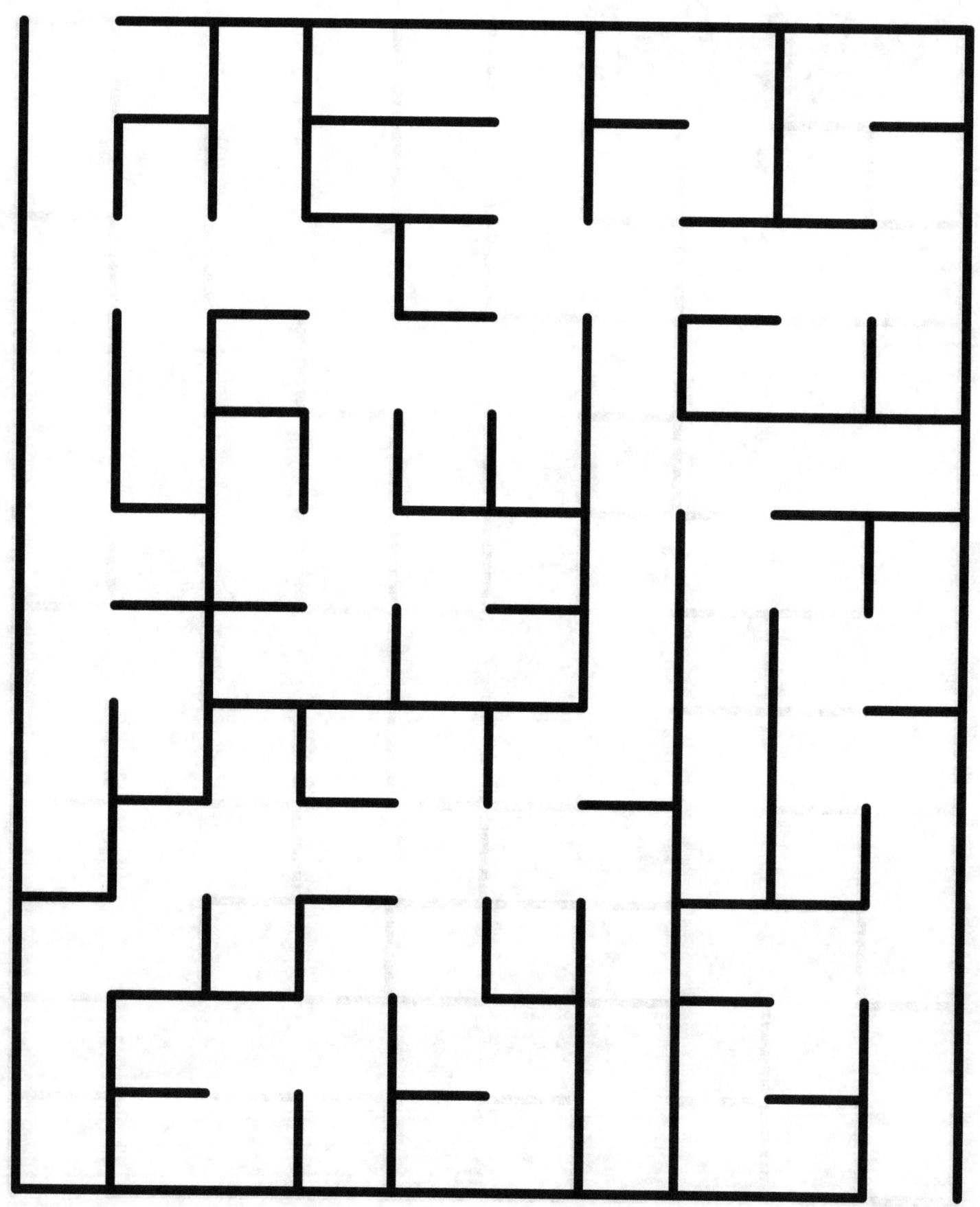

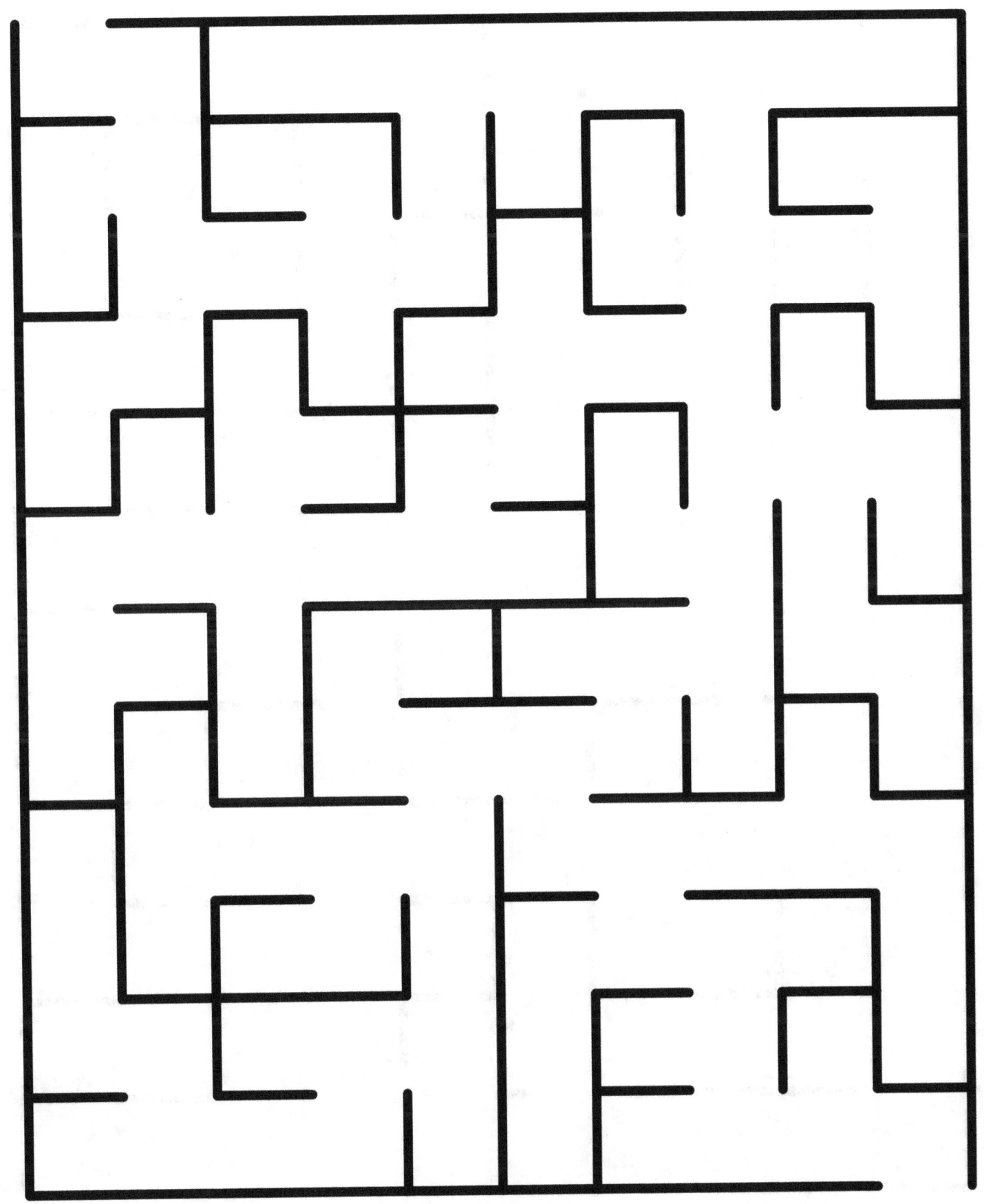

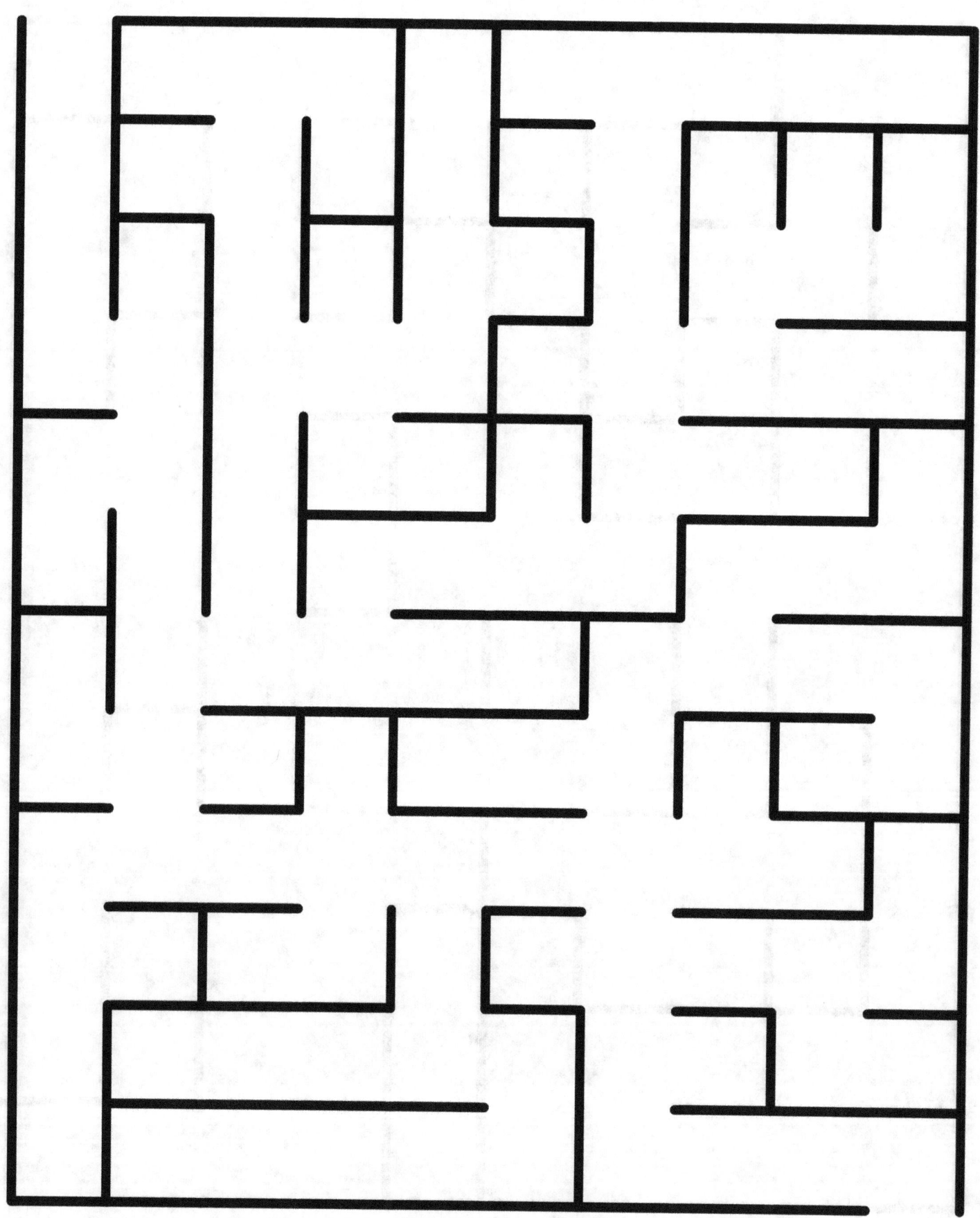

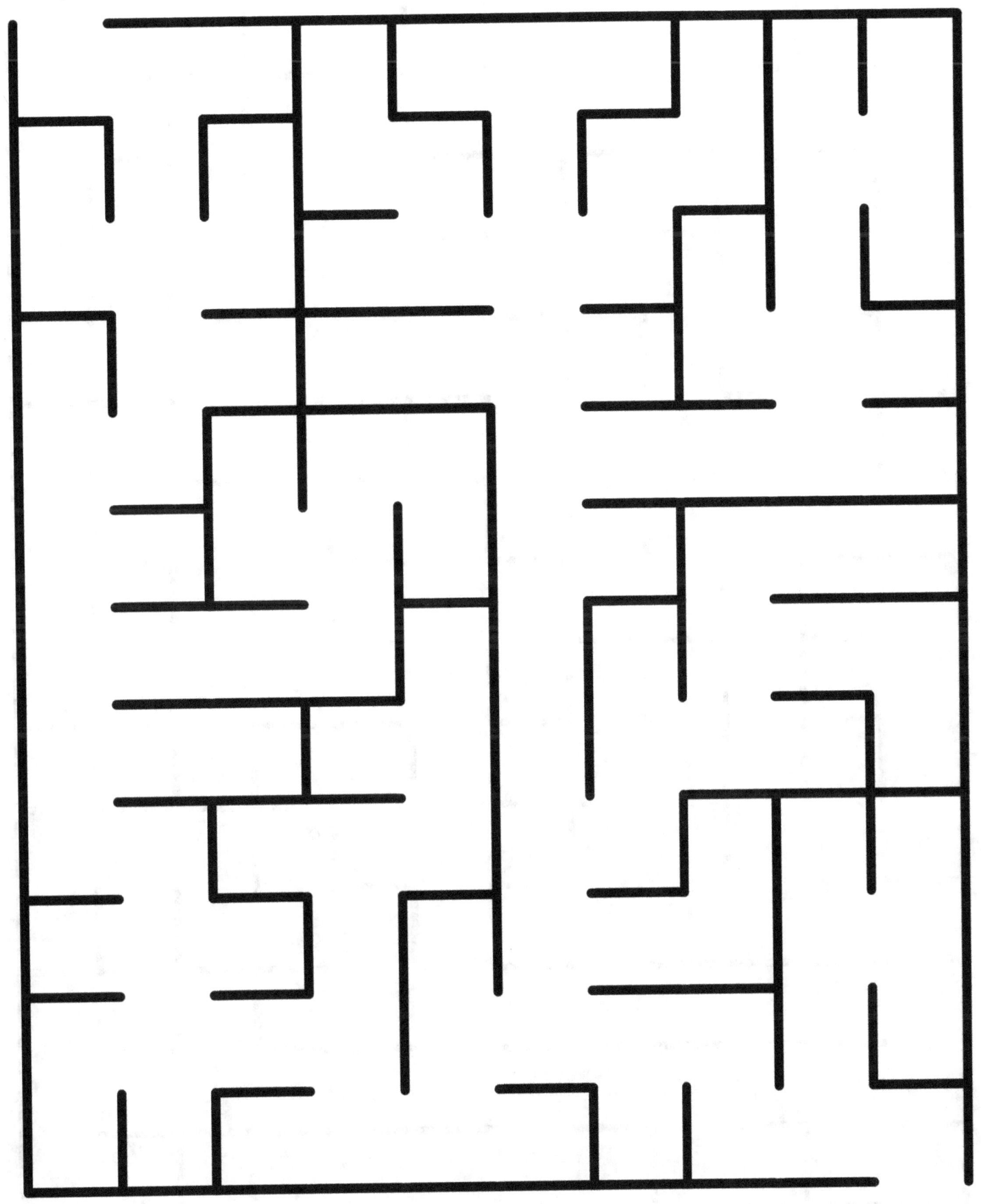

12×15 简单 方形迷宫

12×15 中等 方形迷宫

20×24 中等 方形迷宫

20×24 困难 方形迷宫

30×37 困难 方形迷宫

9×12 简单 三角形迷宫

12×15 简单 三角形迷宫

12×15 中等 三角形迷宫

20×24 中等 三角形迷宫

20×24 困难 三角形迷宫

30×37 困难 三角形迷宫

12×19 简单 六边形迷宫

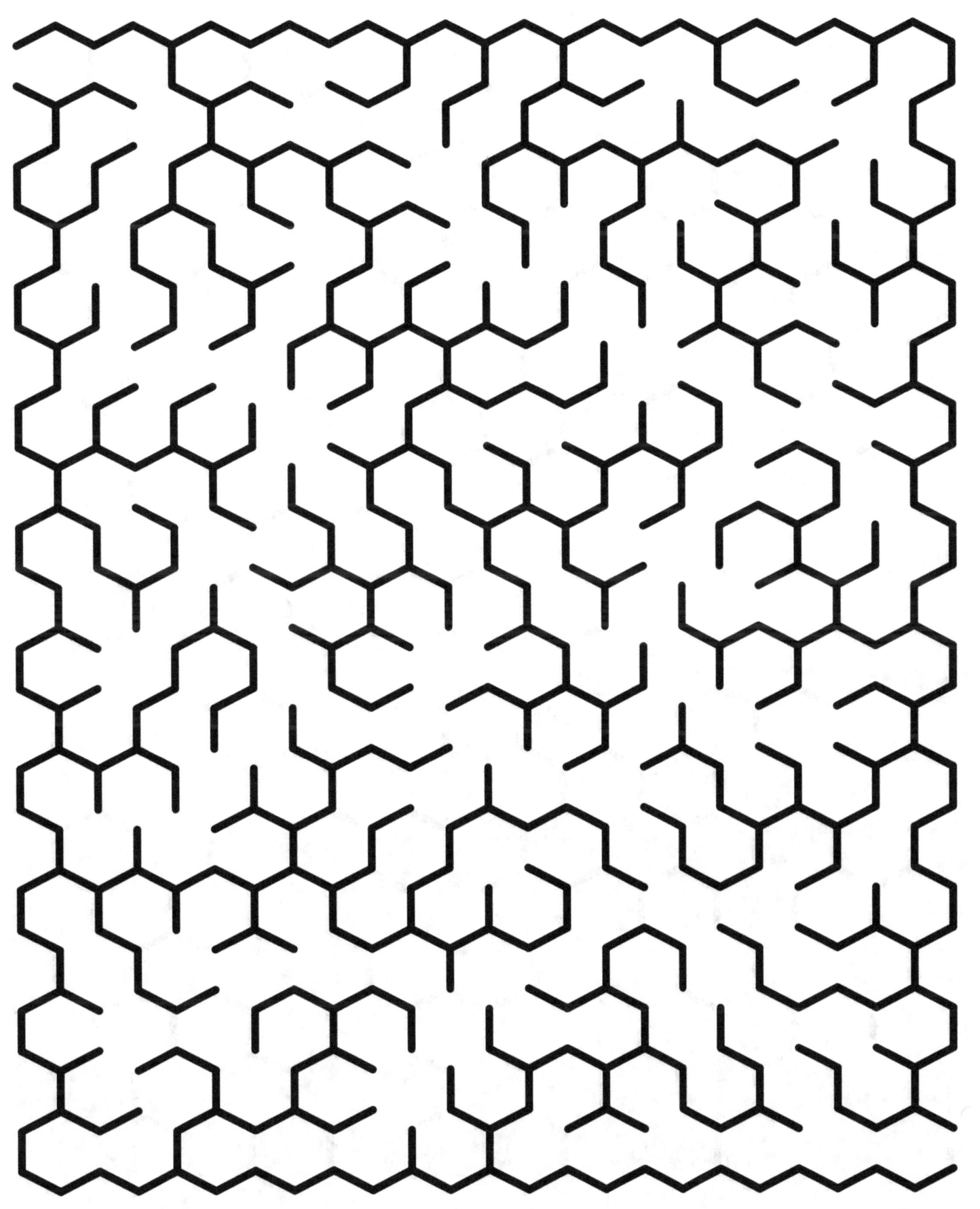

15×23 简单 六边形迷宫

15×23 中等 六边形迷宫

24×39 中等 六边形迷宫

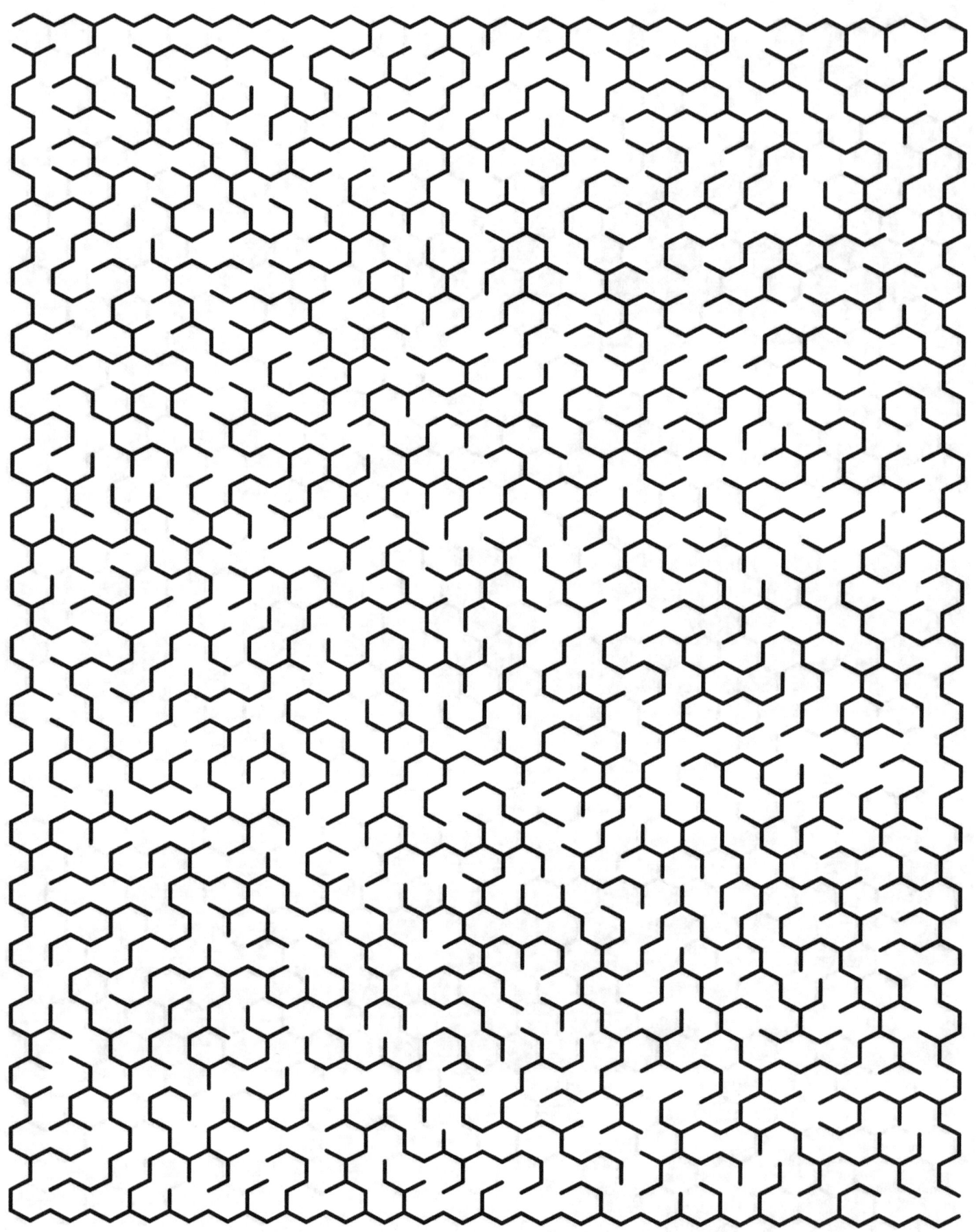

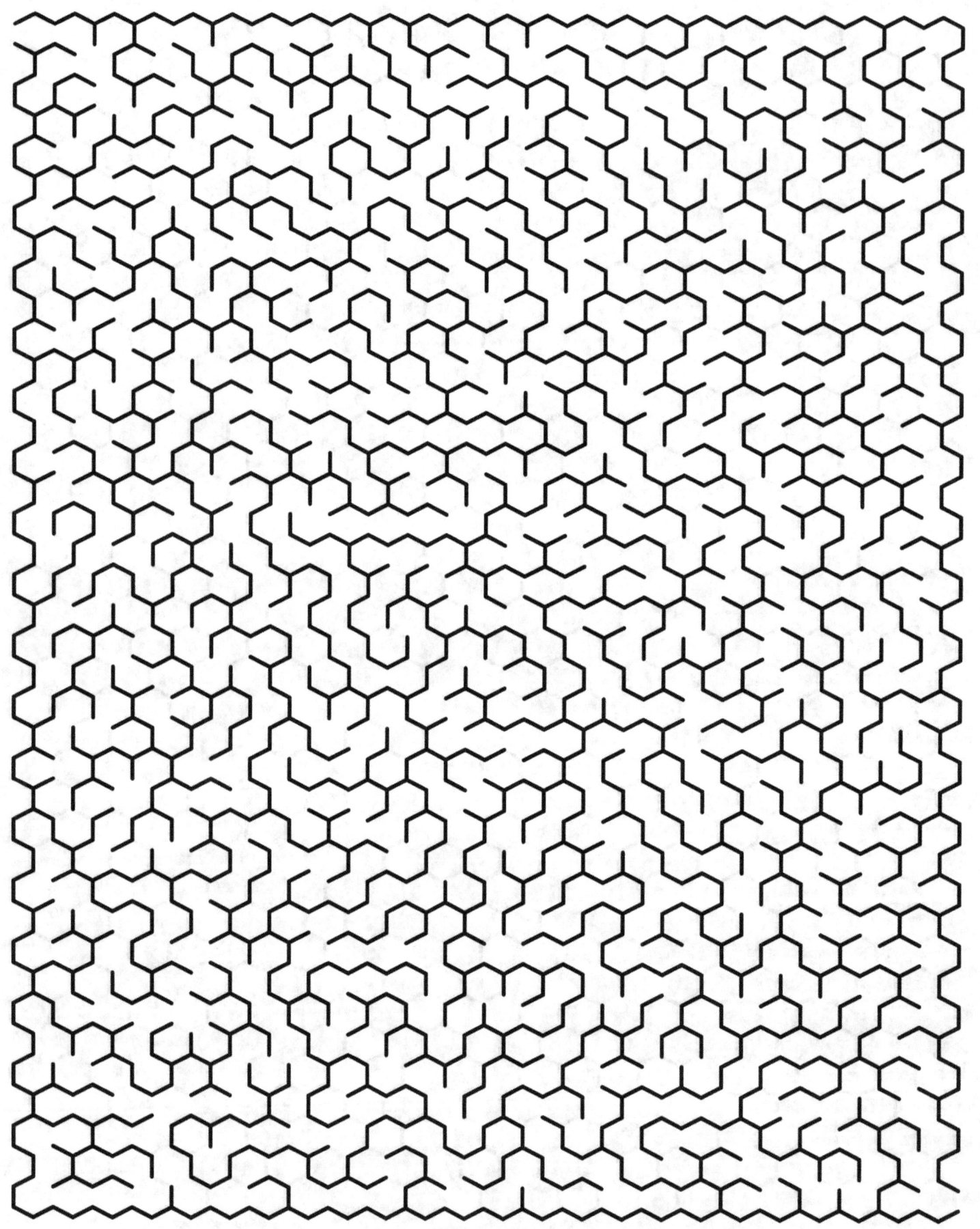

24×39 困难 六边形迷宫

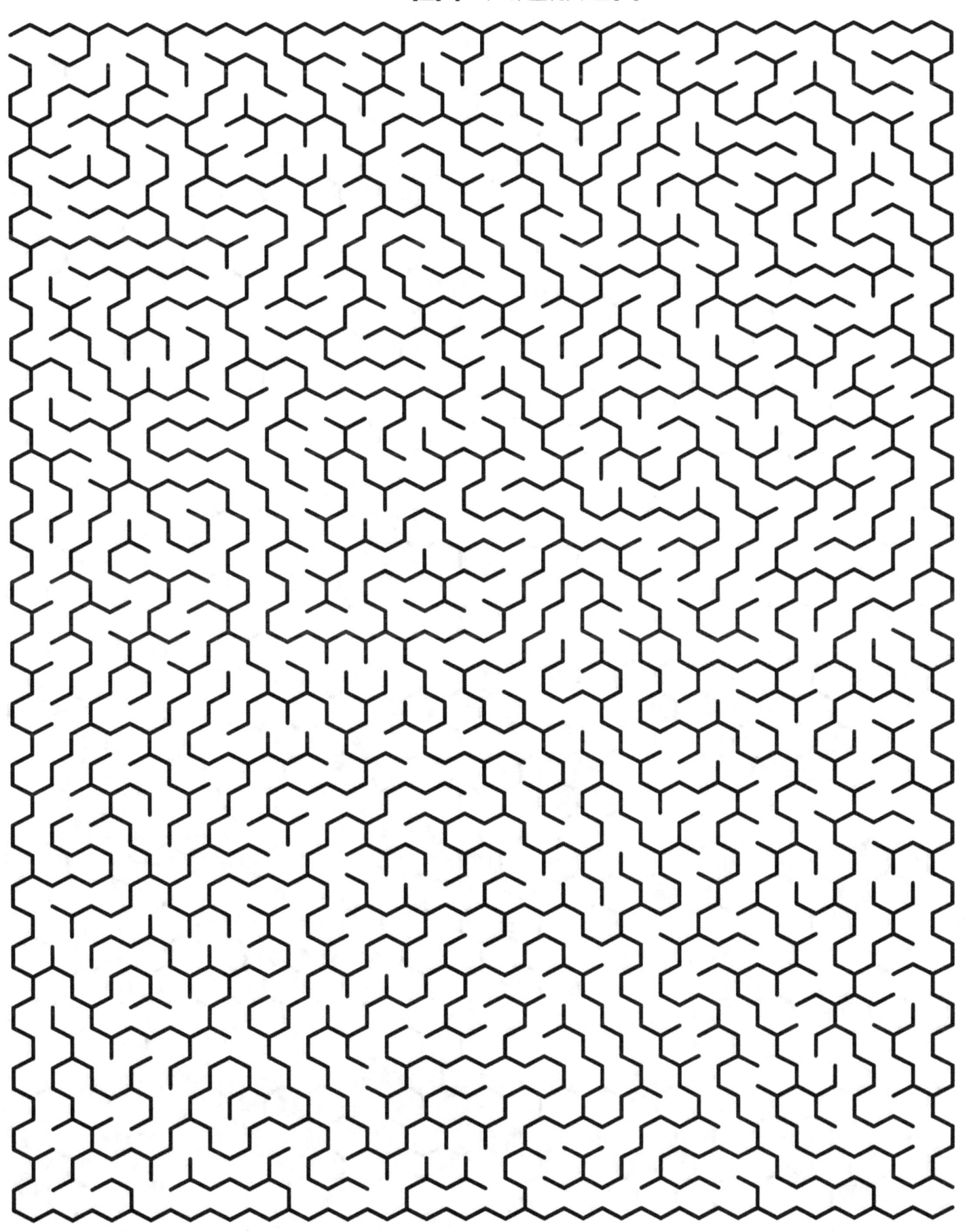

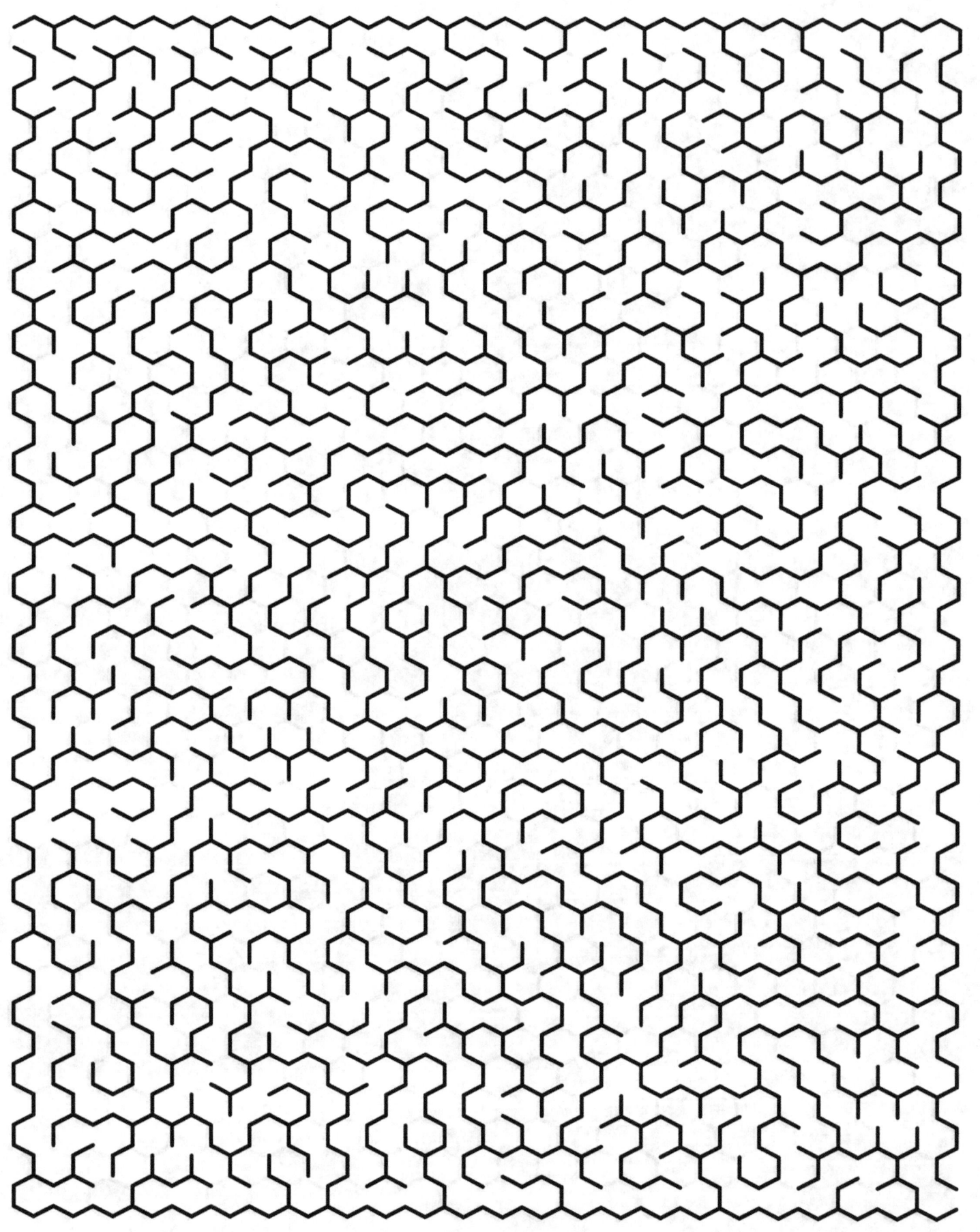

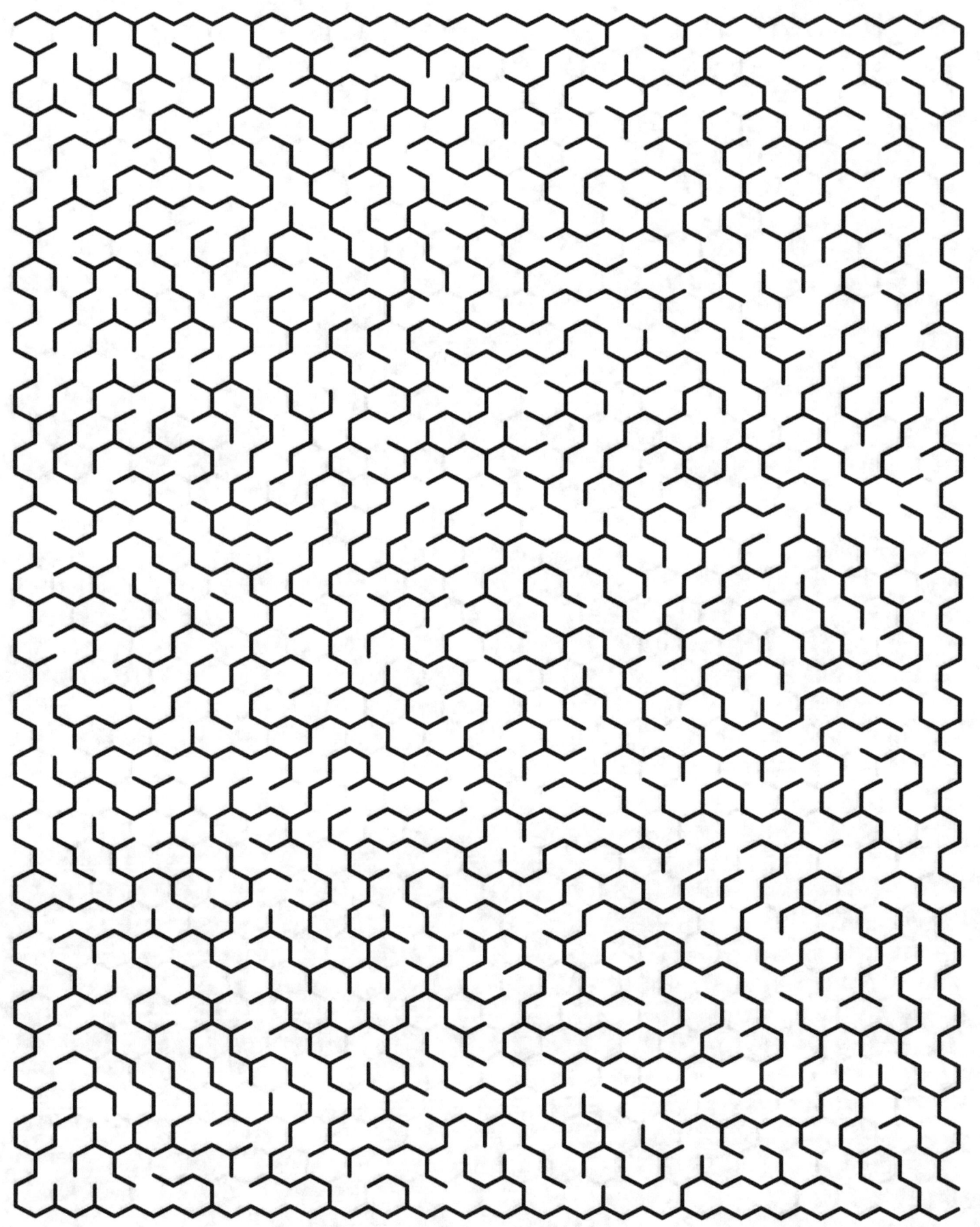

37×59 困难 六边形迷宫

9×12 简单 菱形迷宫

12×15 简单 菱形迷宫

12×15 中等 菱形迷宫

20×24 中等 菱形迷宫

20×24 困难 菱形迷宫

30×37 困难 菱形迷宫

9×12 简单 斜方格 迷宫

12×15 简单 斜方格 迷宫

12×15 中等 斜方格 迷宫

20×24 中等 斜方格 迷宫

20×24 困难 斜方格 迷宫

30×37 困难 斜方格 迷宫

9×12 简单 斜方格 2 迷宫

9×12 简单 开罗镶嵌 迷宫

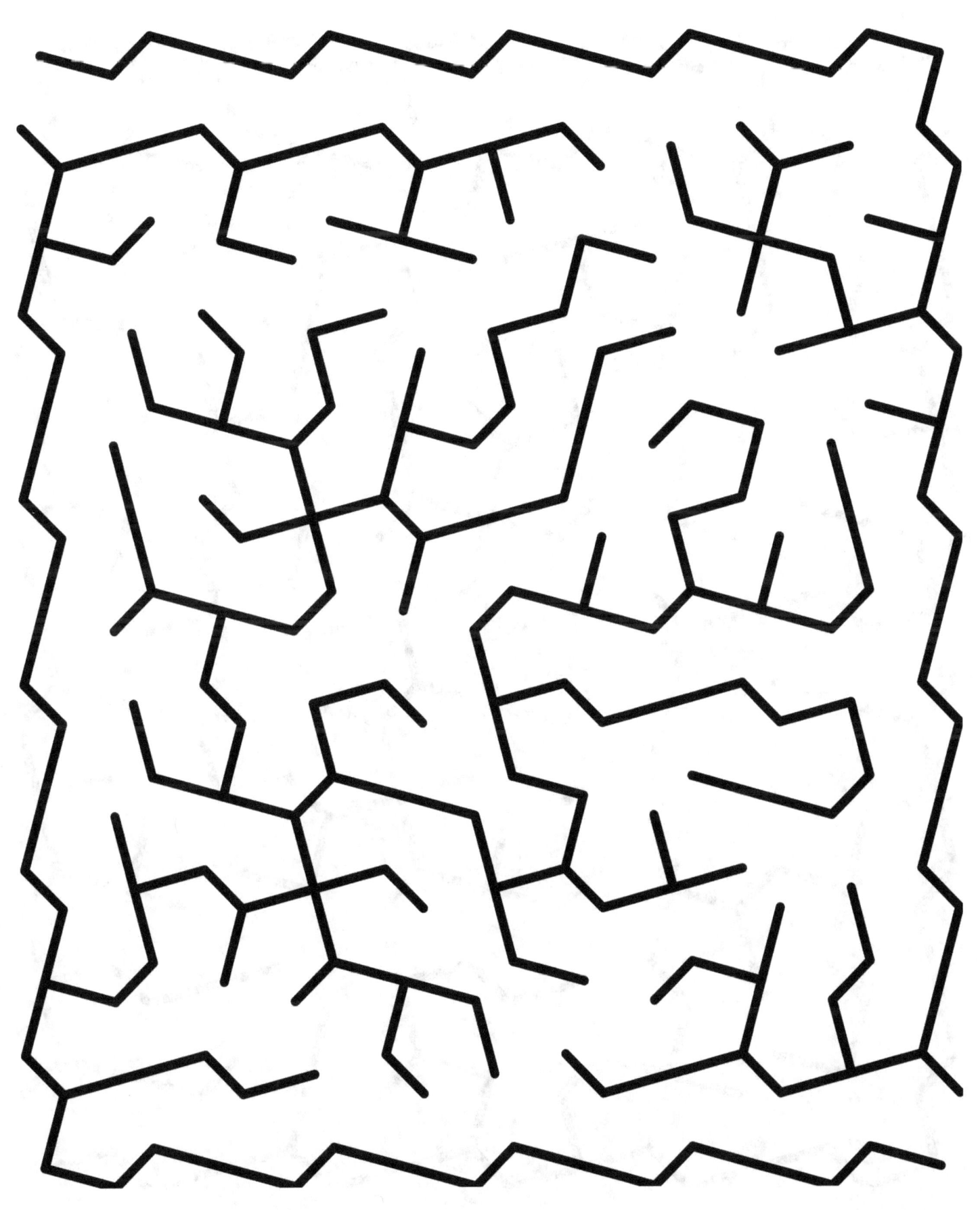

12×15 简单 开罗镶嵌 迷宫

13×16 简单 开罗镶嵌 迷宫

13×15 中等 开罗镶嵌 迷宫

20×24 中等 开罗镶嵌 迷宫

20×24 困难 开罗镶嵌 迷宫

30×37 困难 开罗镶嵌 迷宫

迷宫大全！

20×20 困难 圆形迷宫

25×25 困难 圆形迷宫

30×30 困难 圆形迷宫

35×35 困难 圆形迷宫

9×12 简单 方-三角迷宫

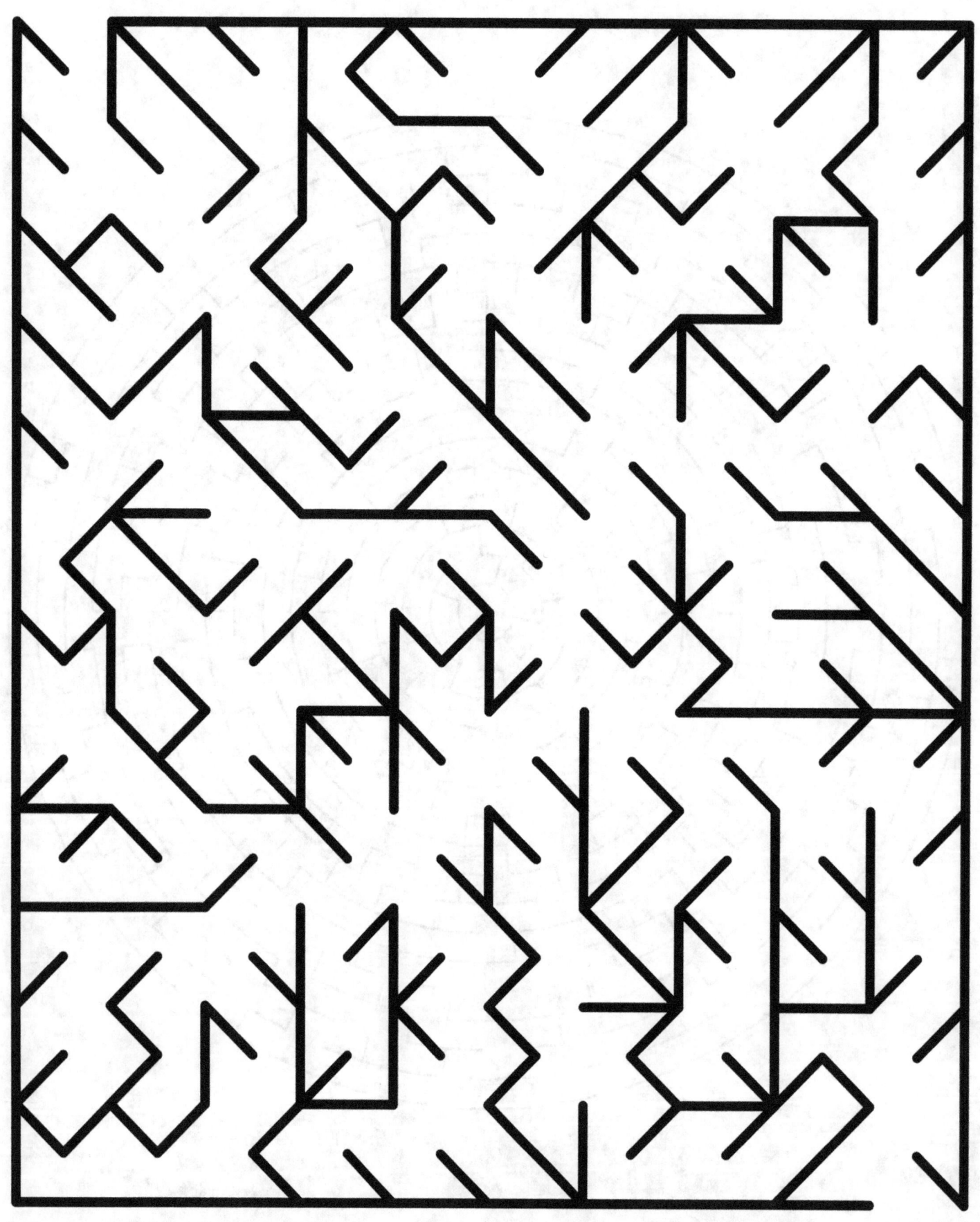

12×15 简单 方-三角迷宫

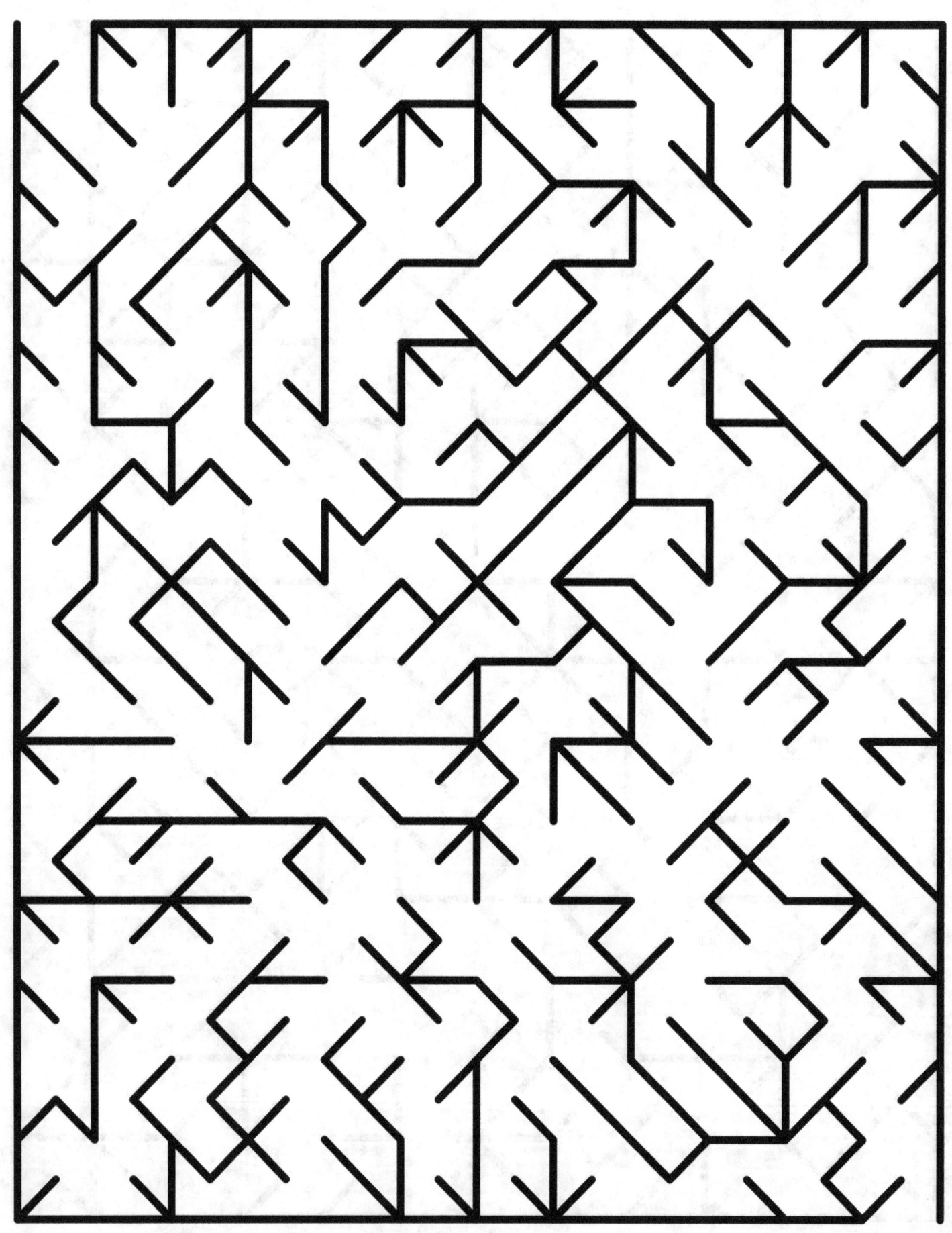

12×15 中等 方-三角迷宫

20×24 中等 方-三角迷宫

20×24 困难 方-三角迷宫

30×37 困难 方-三角迷宫

答案

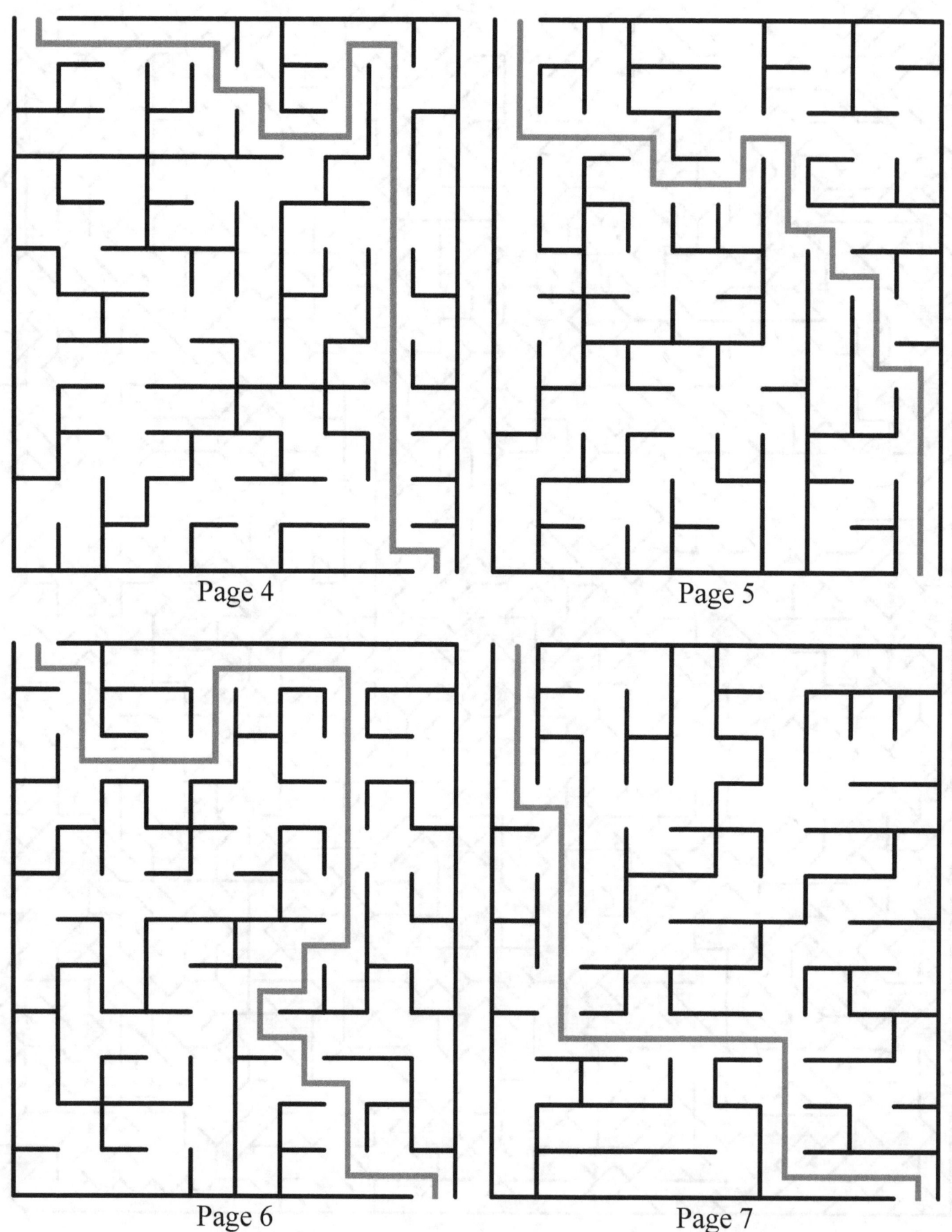

Page 4　　　Page 5　　　Page 6　　　Page 7

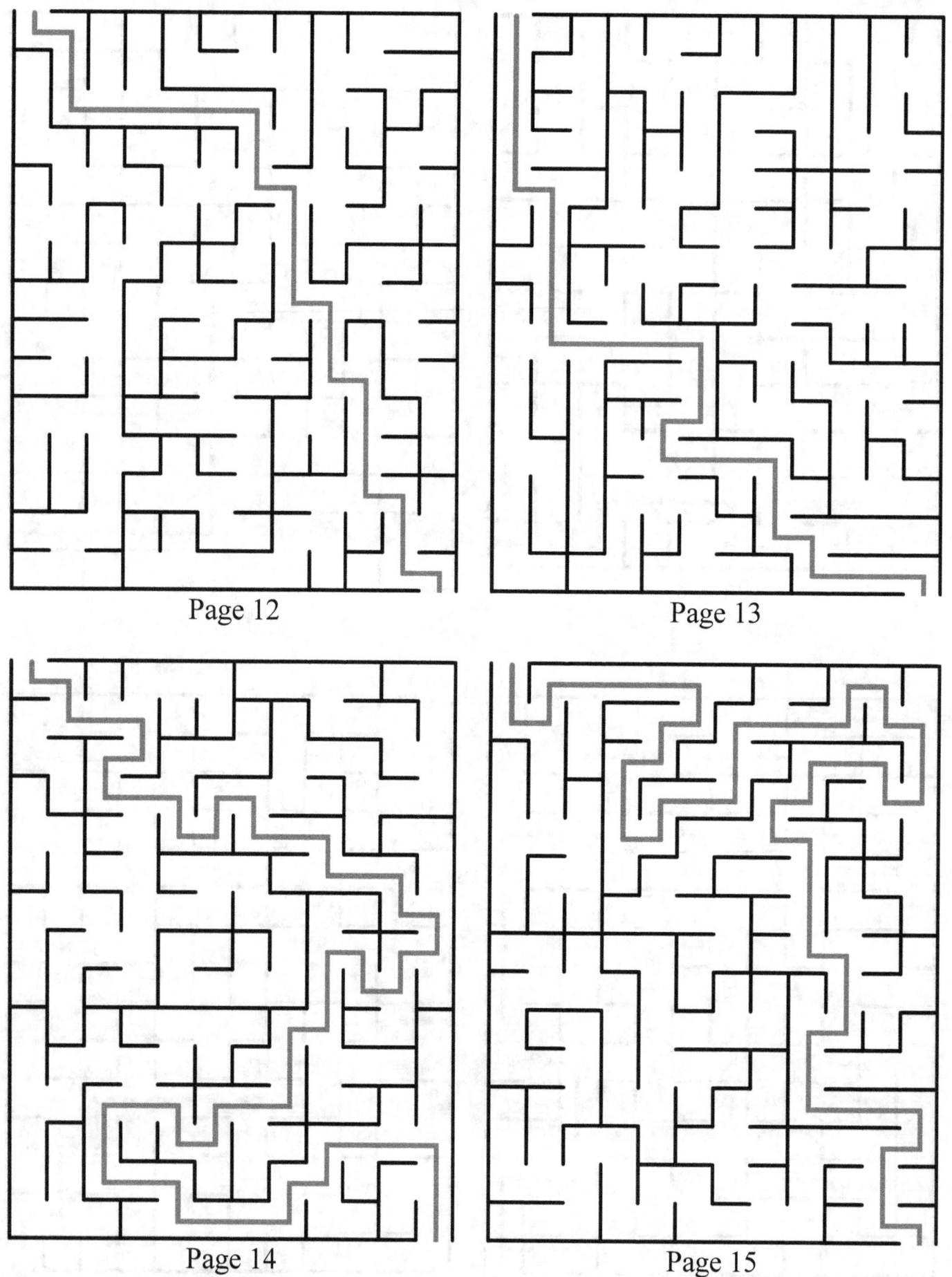

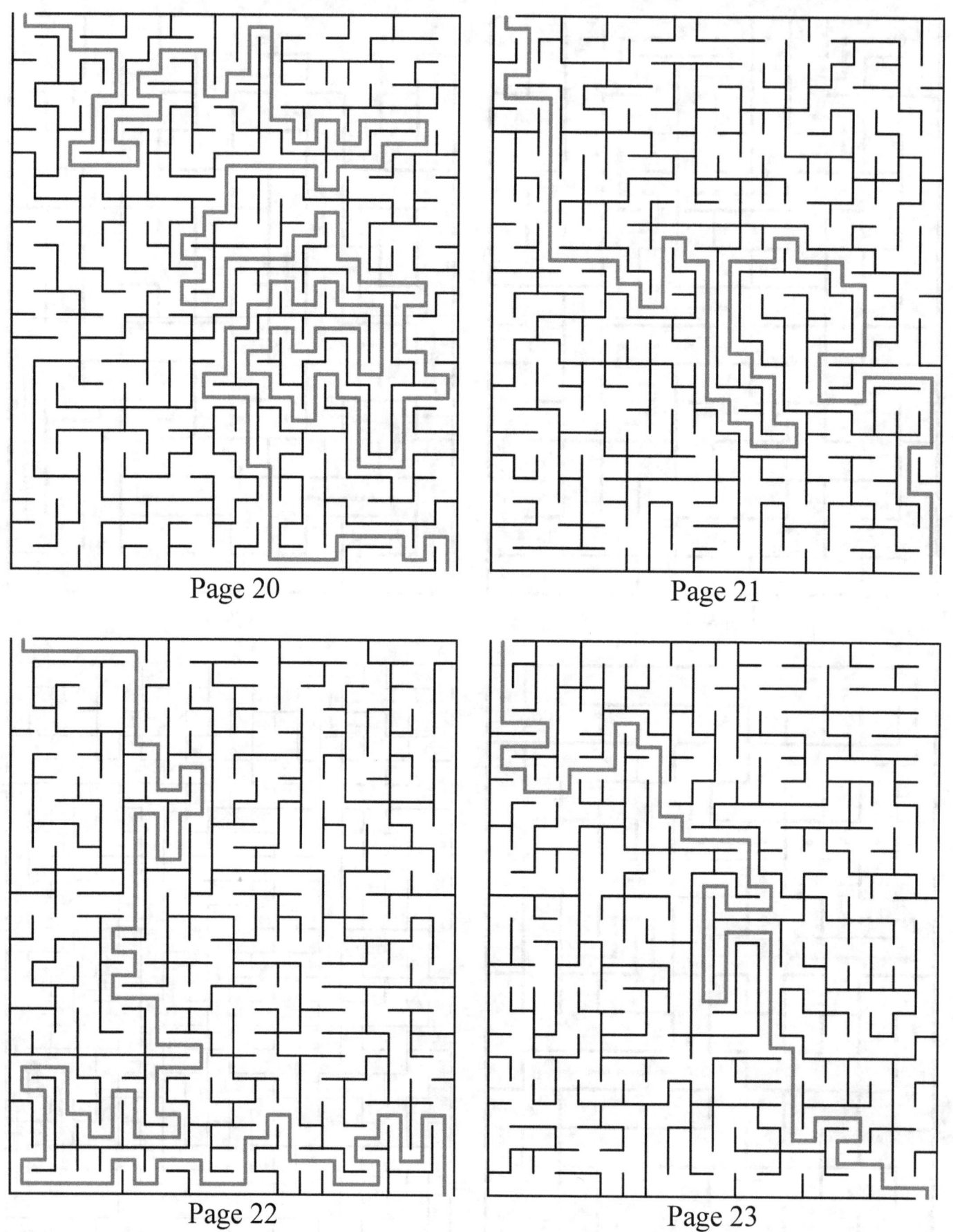

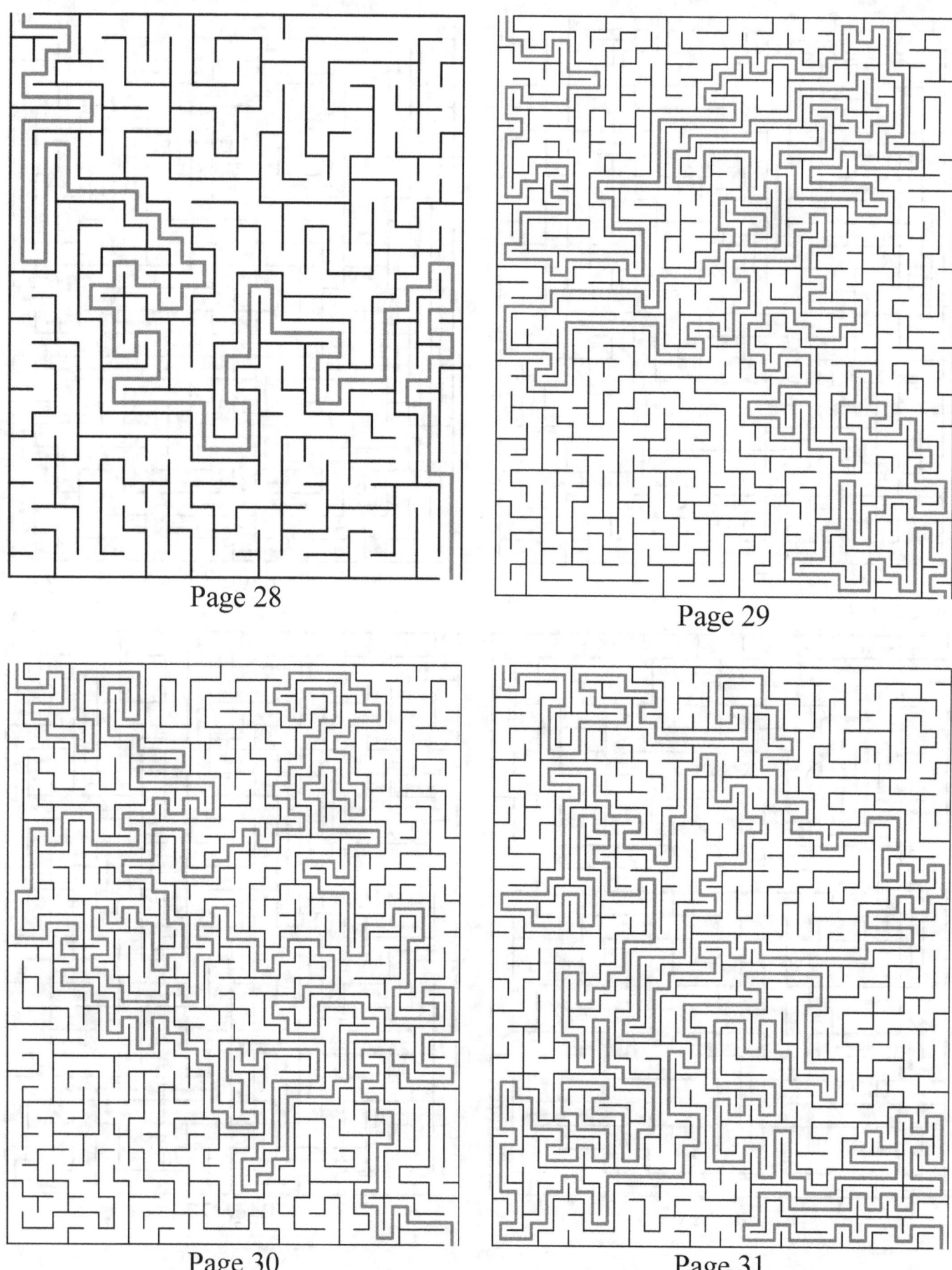

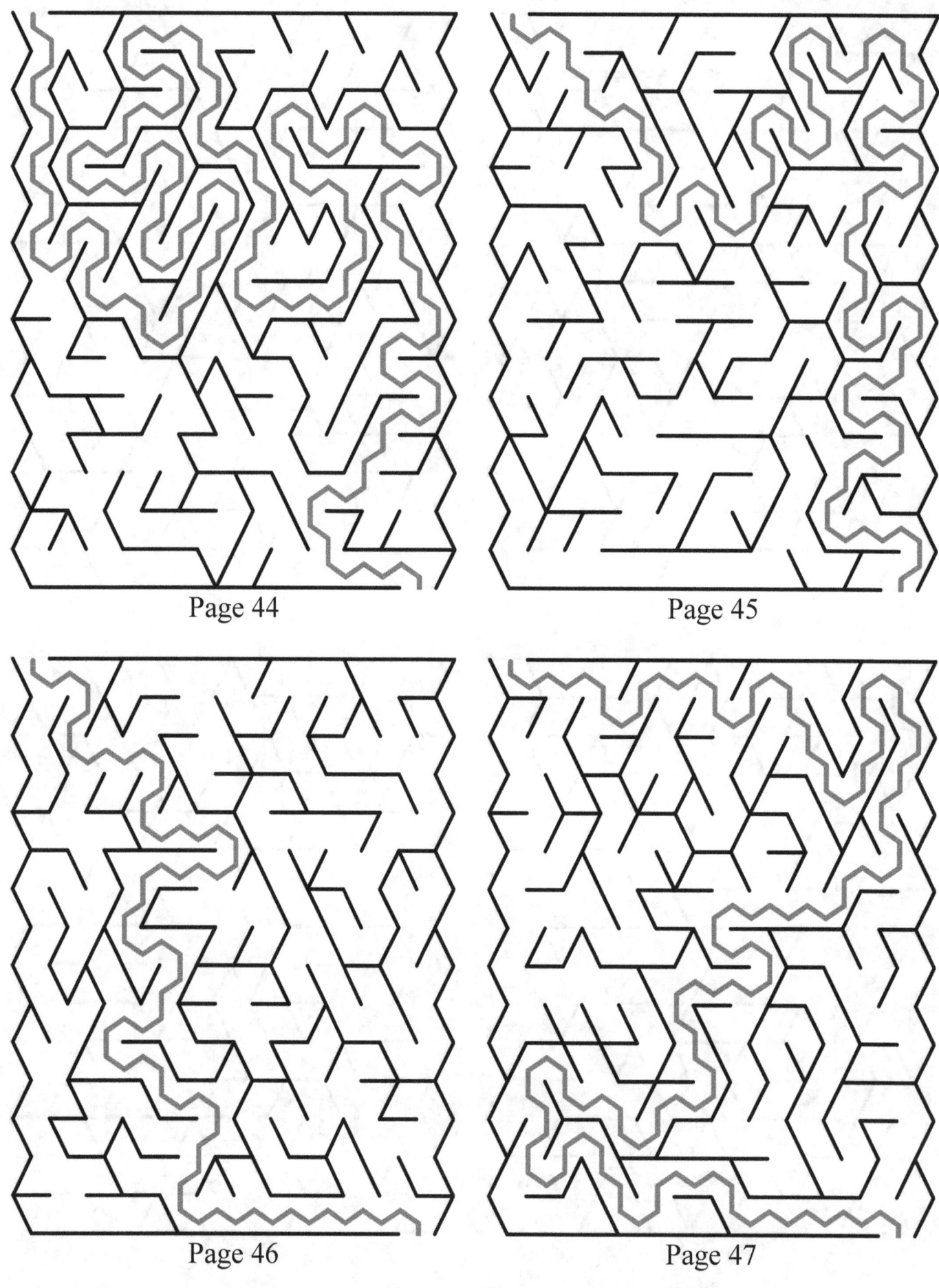

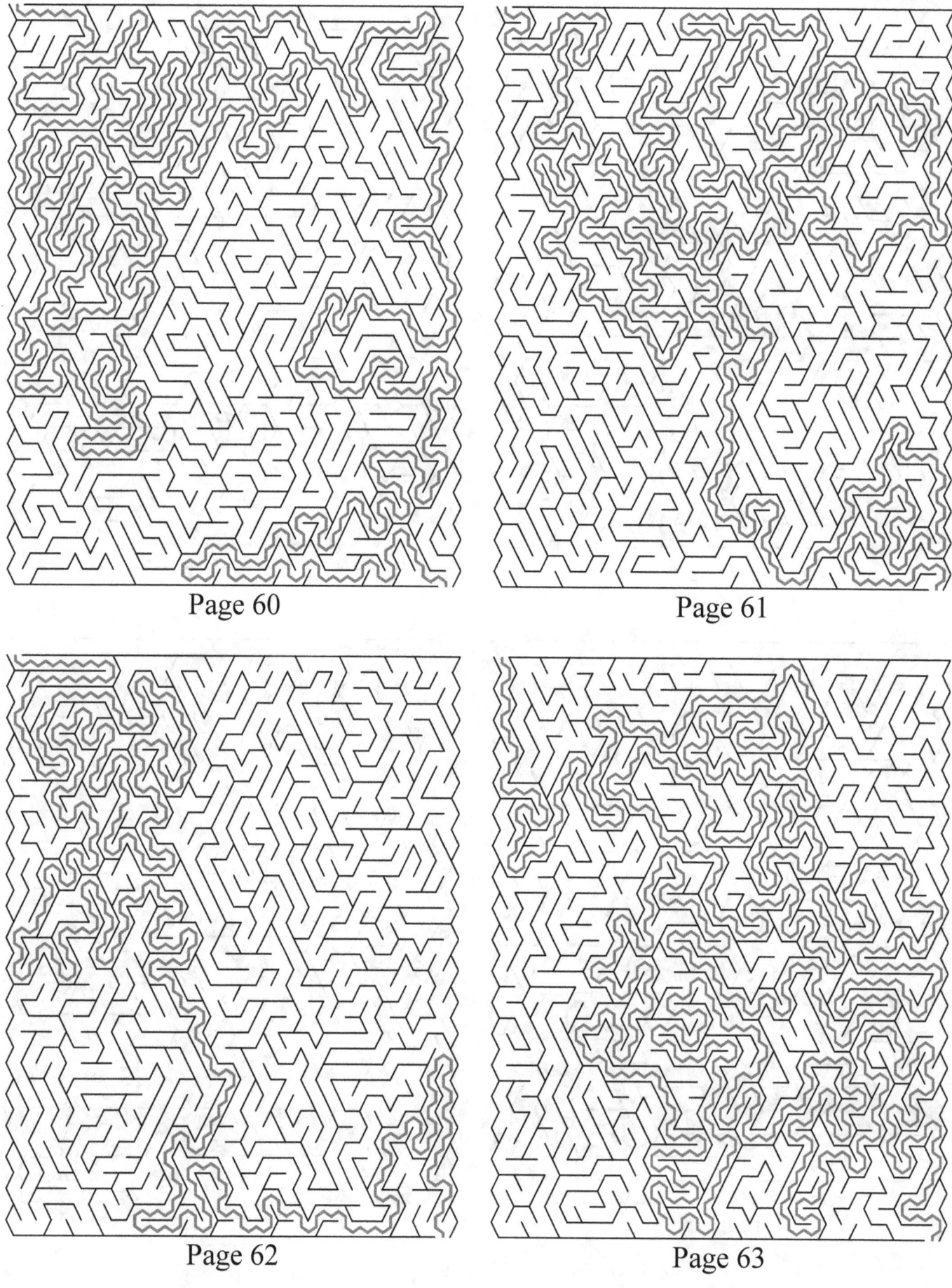

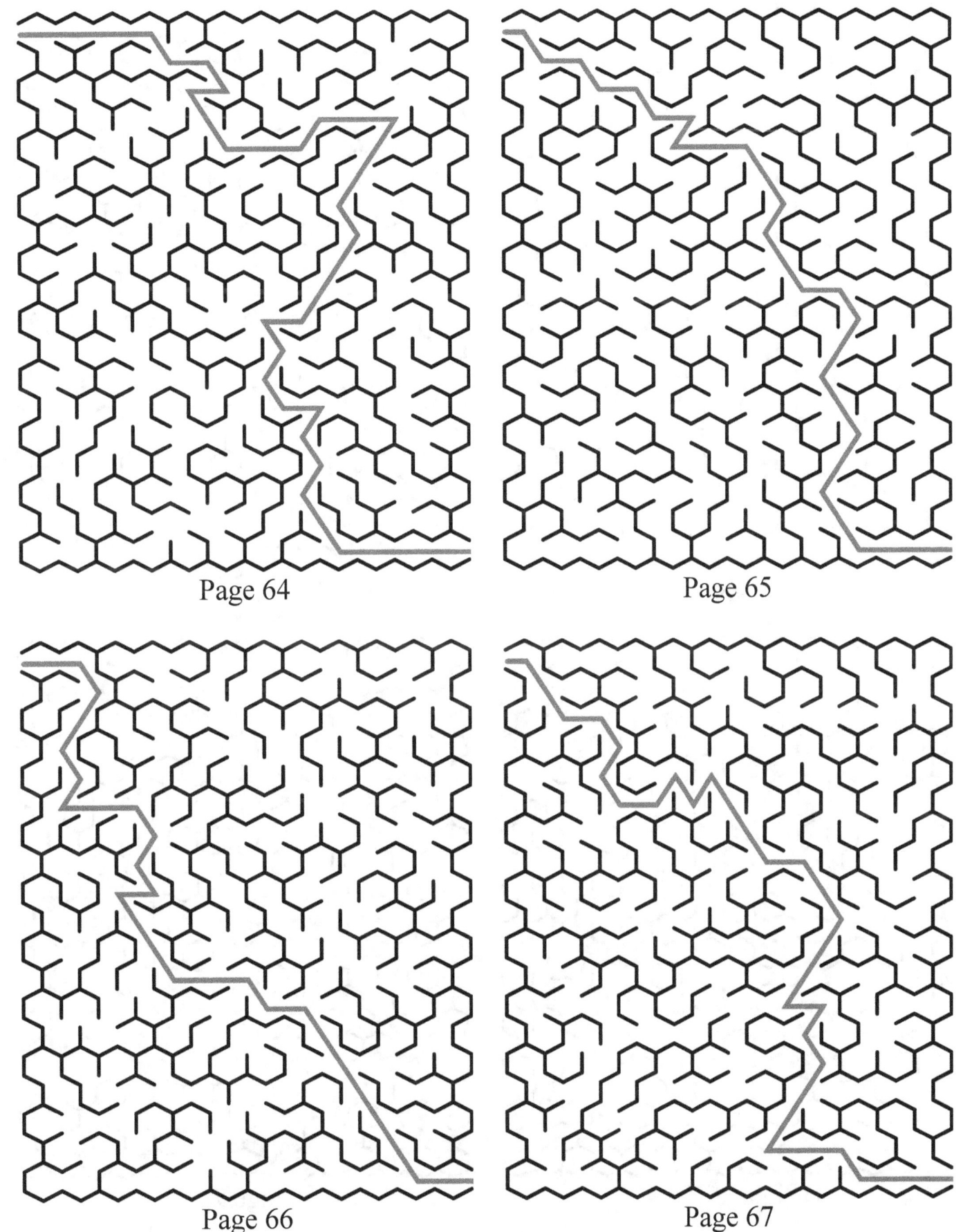

Page 64

Page 65

Page 66

Page 67

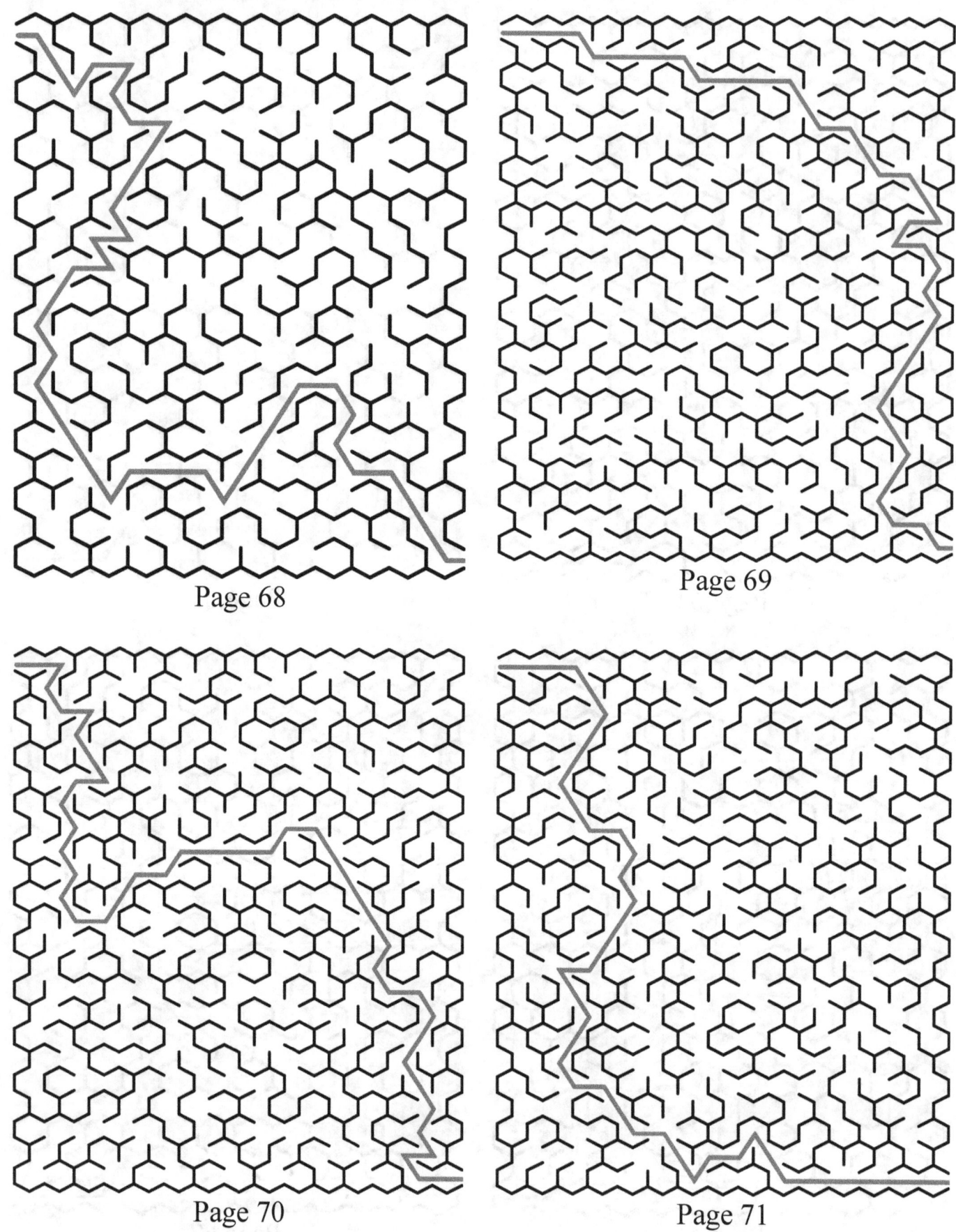

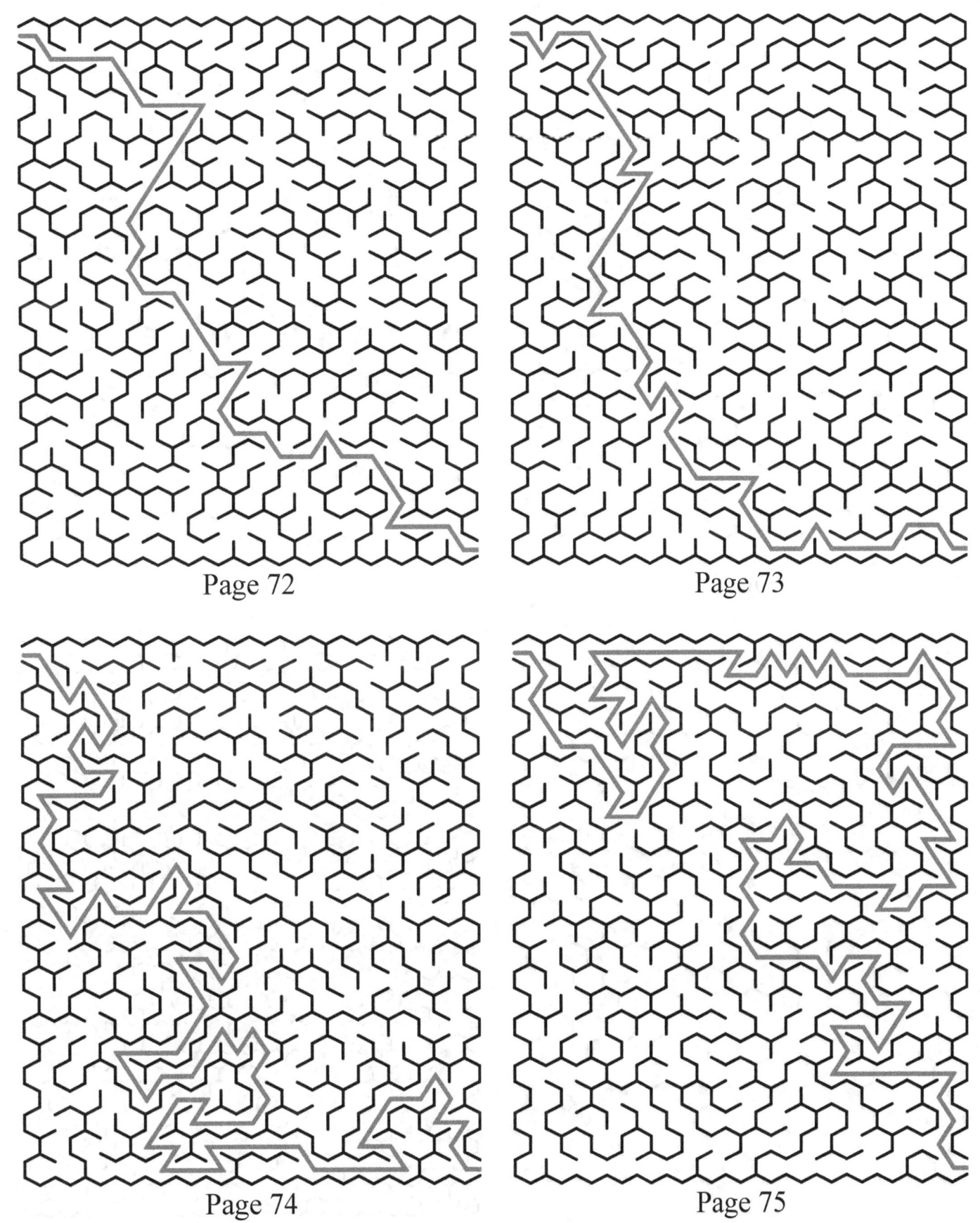

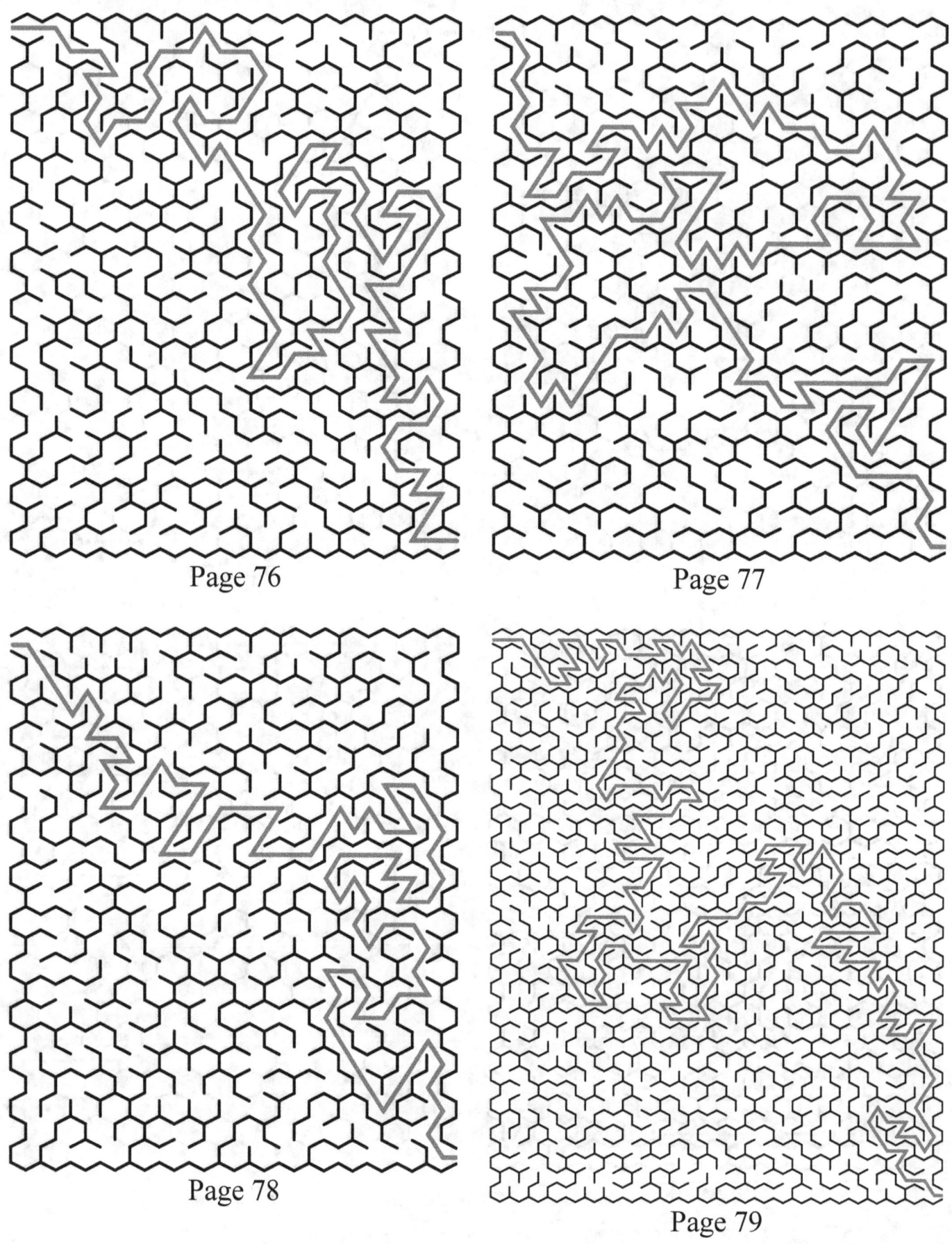

Page 76

Page 77

Page 78

Page 79

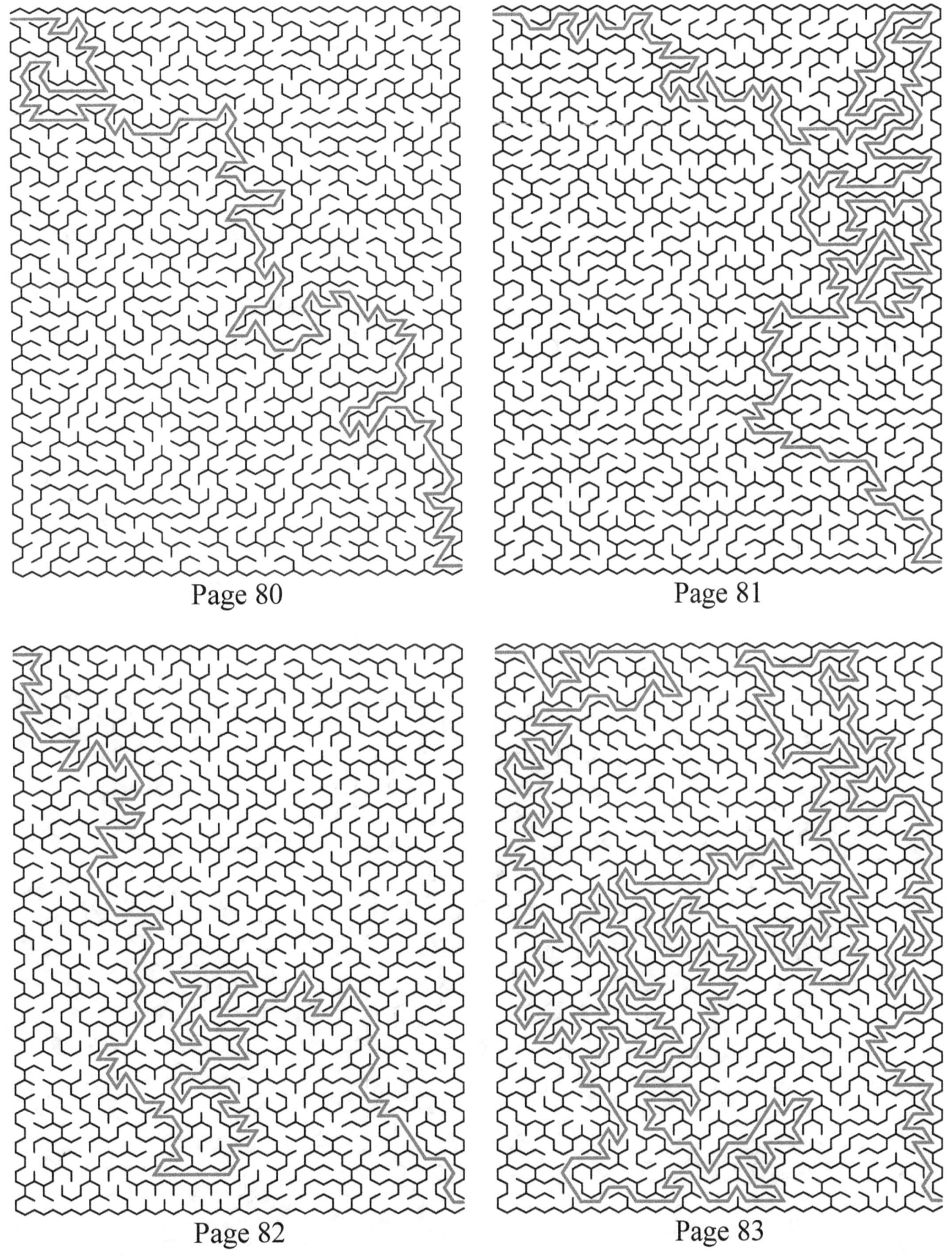

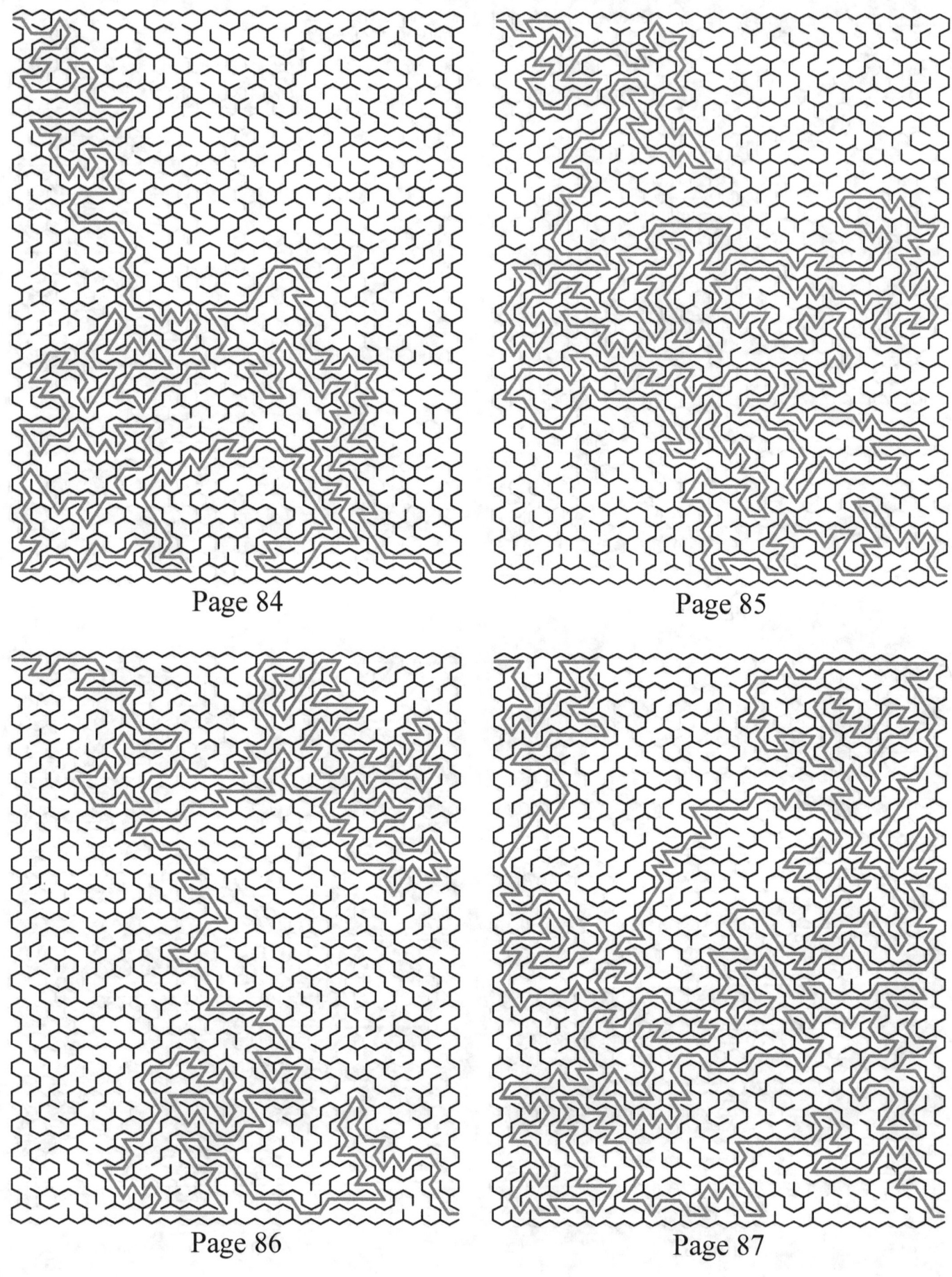

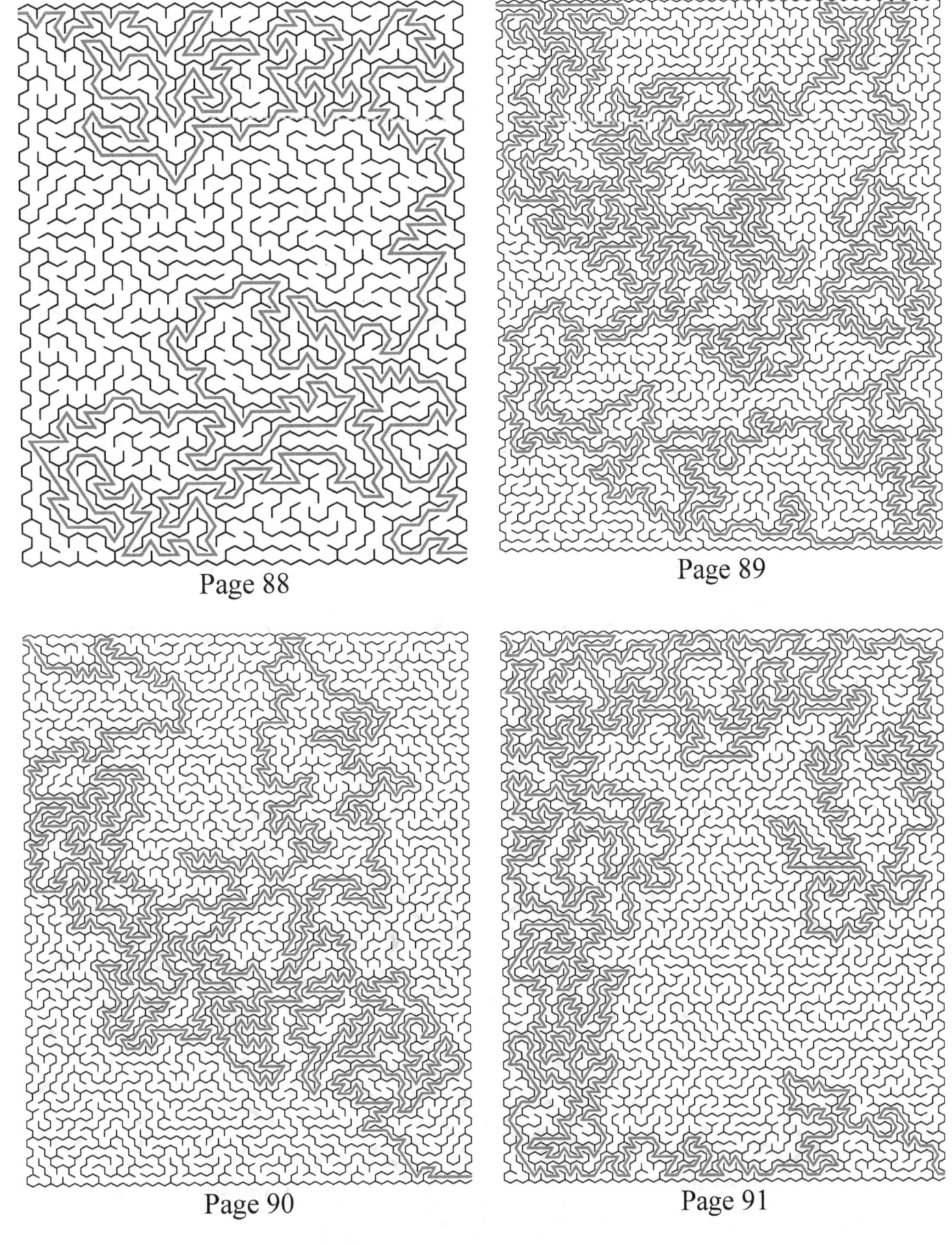

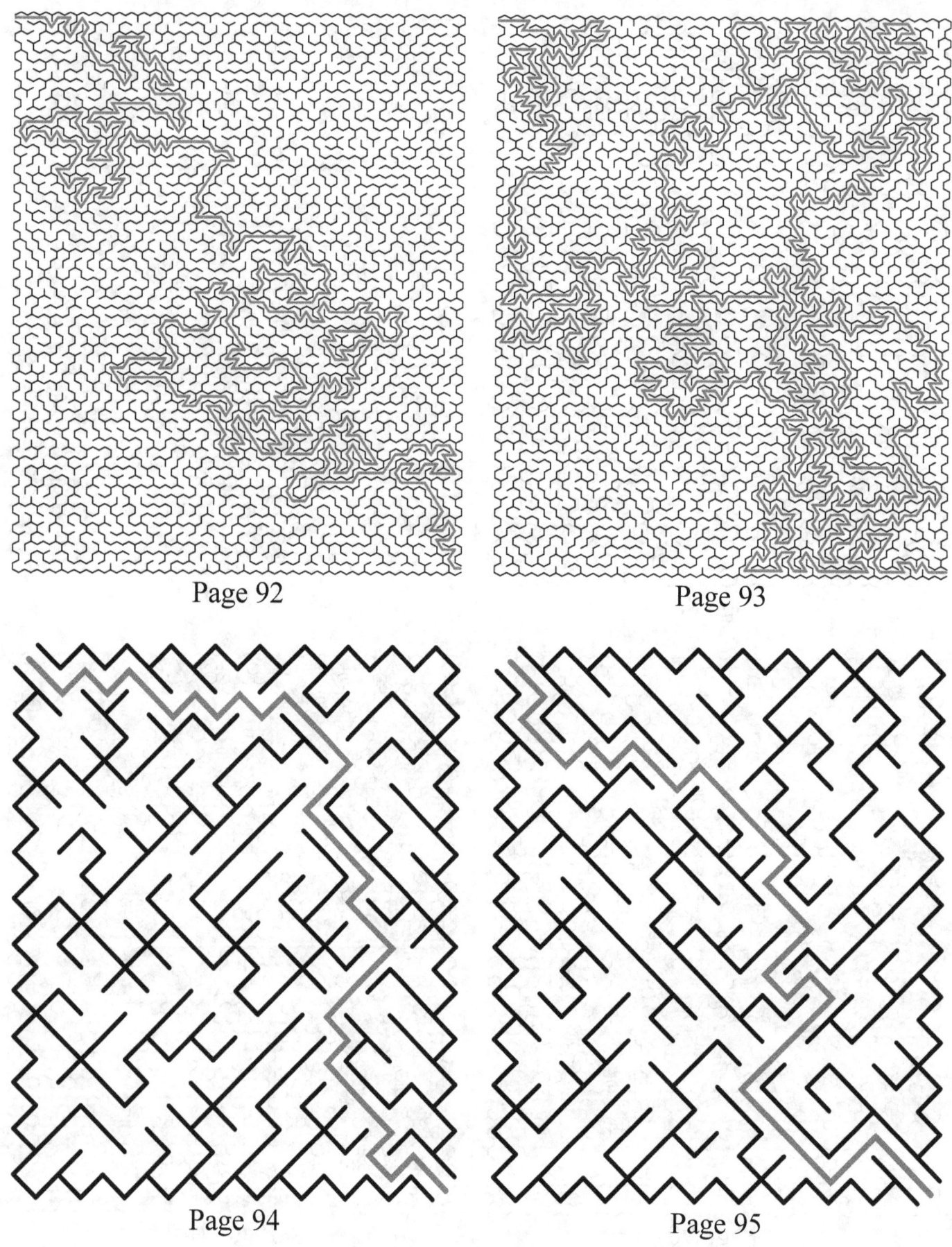

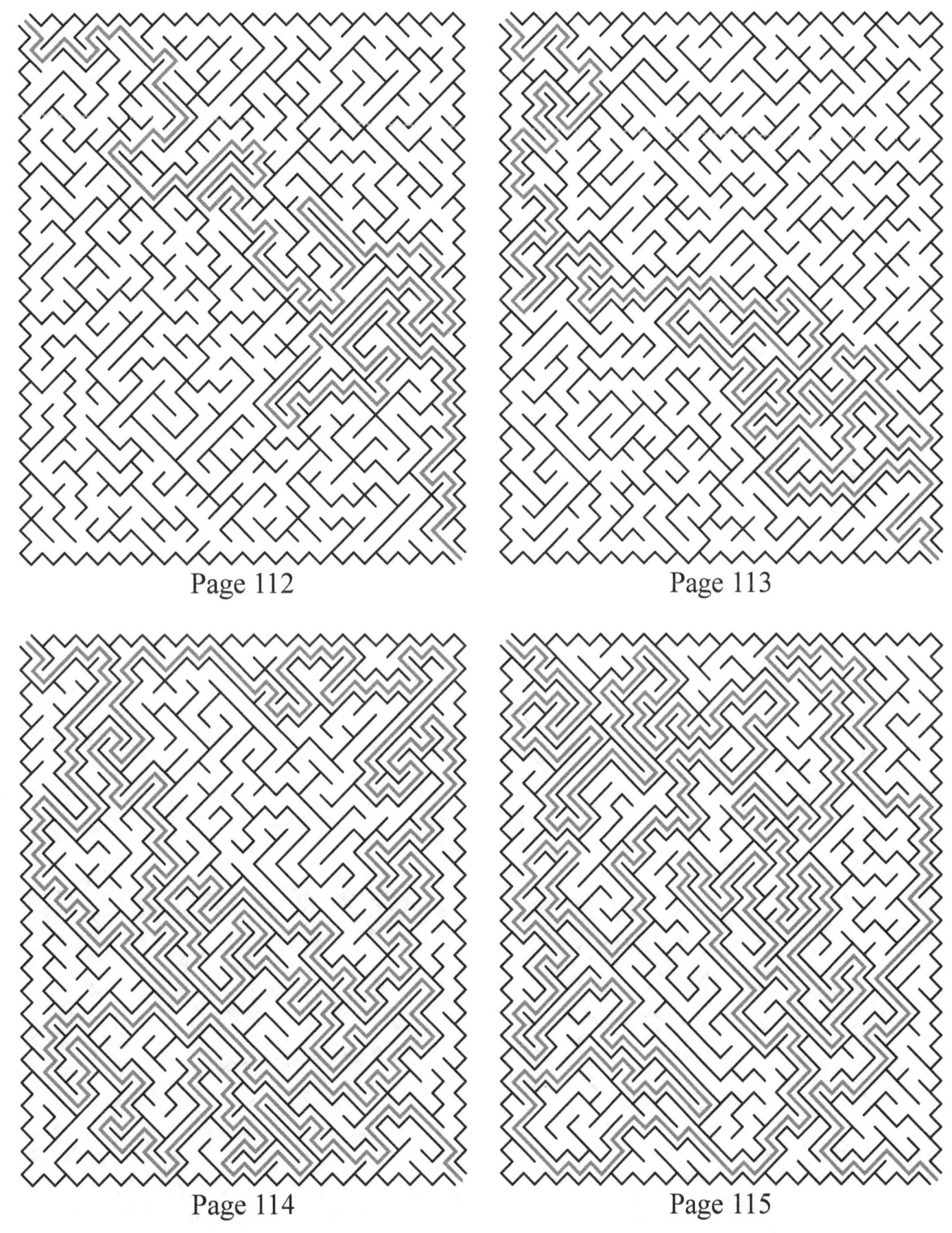

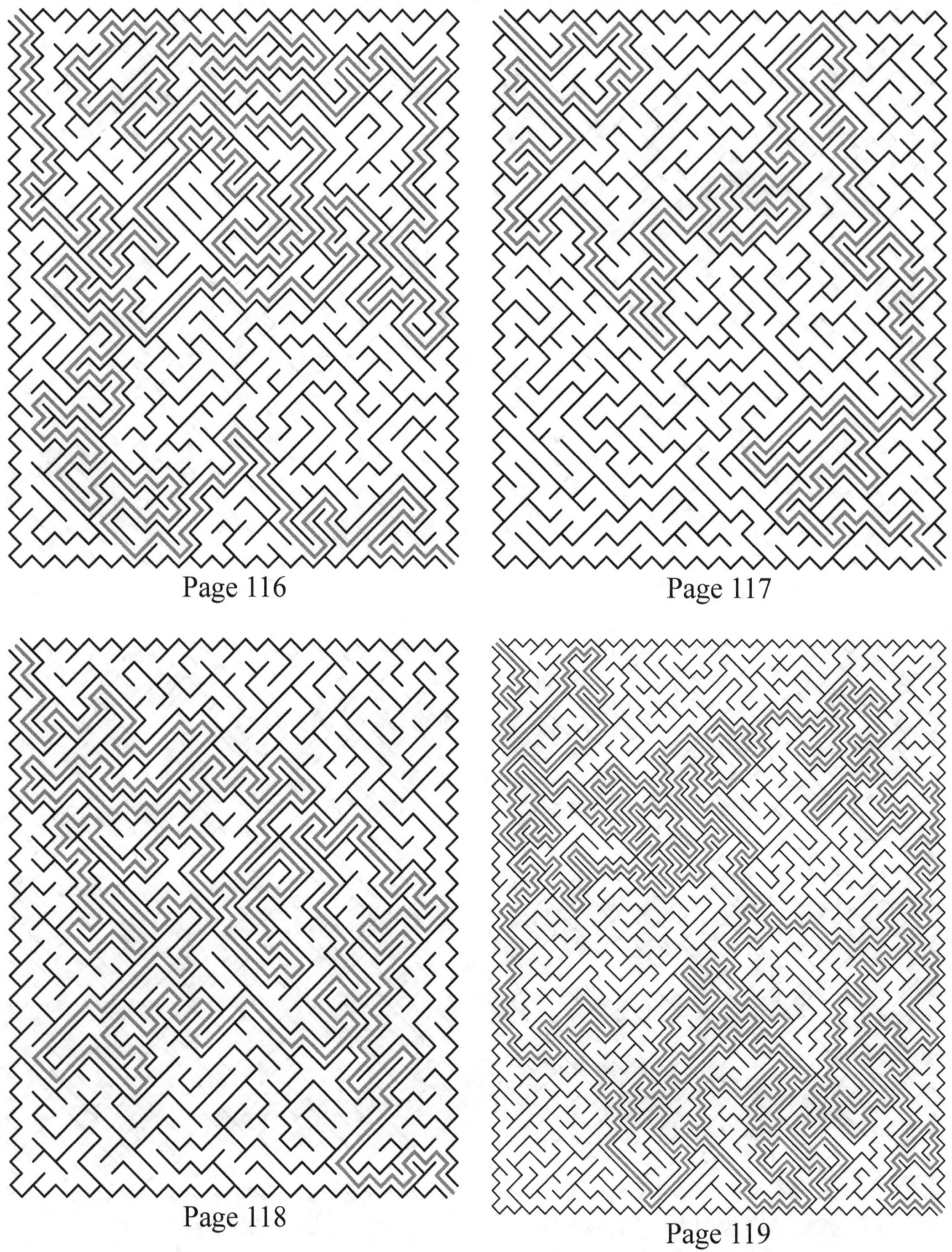

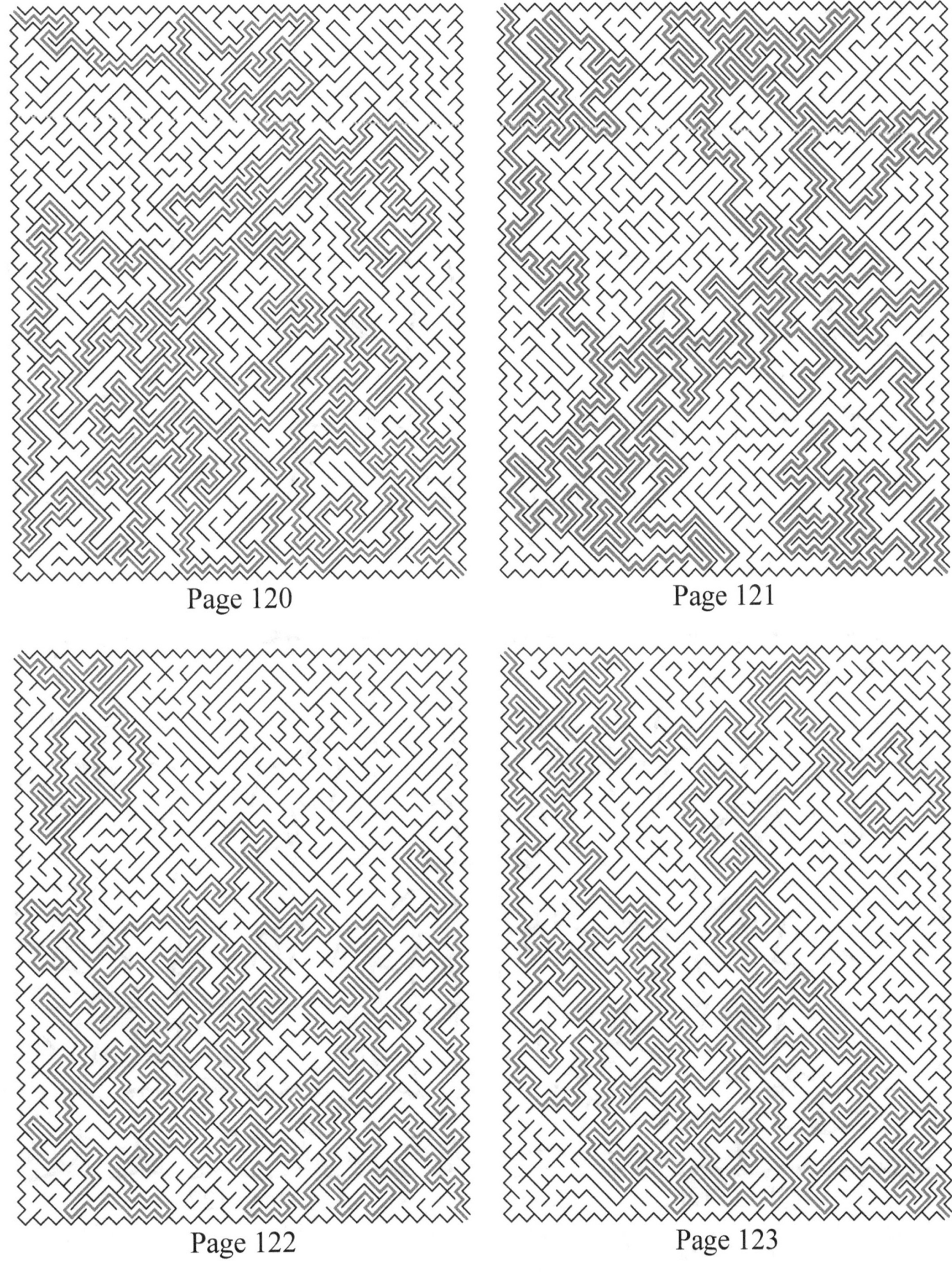

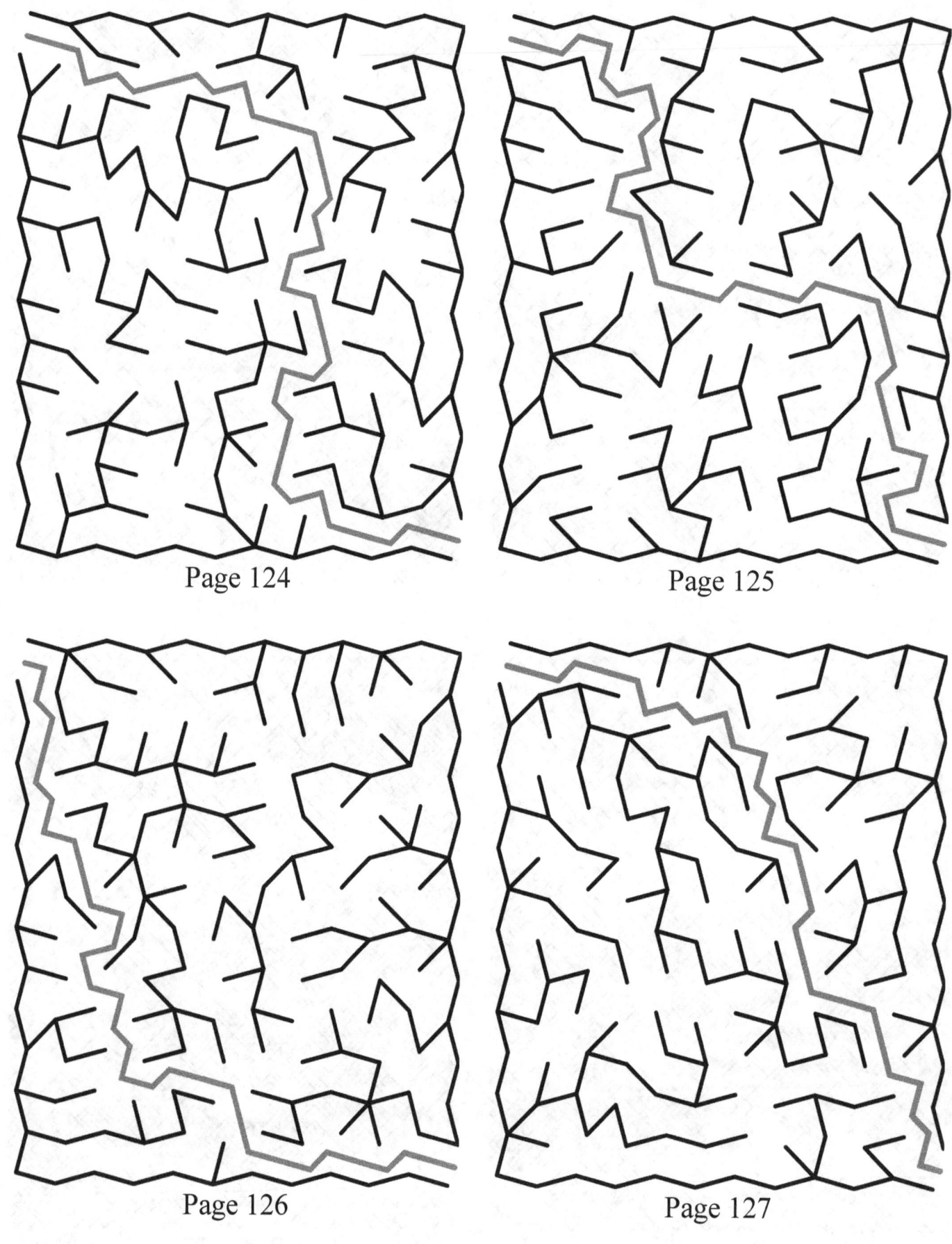

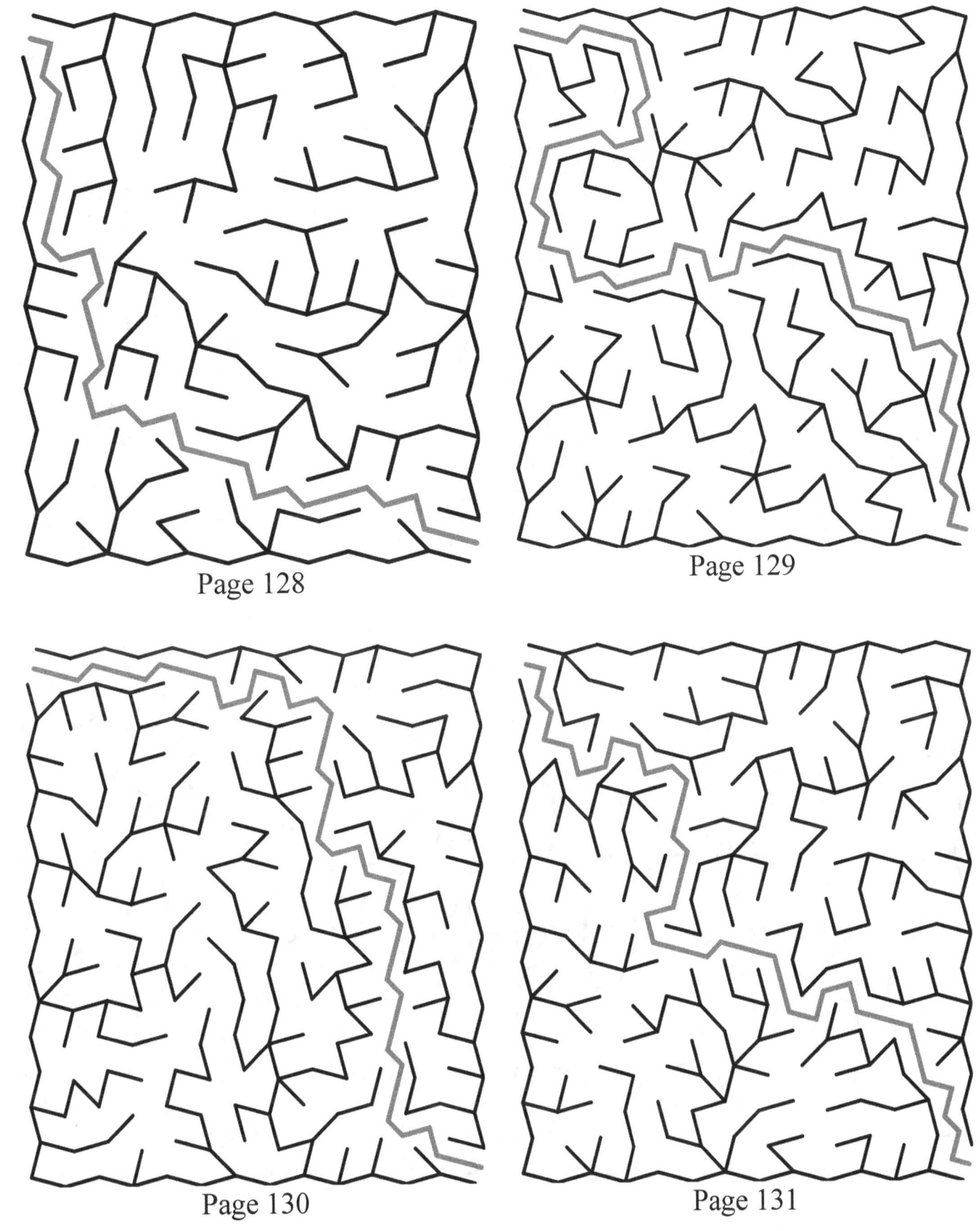

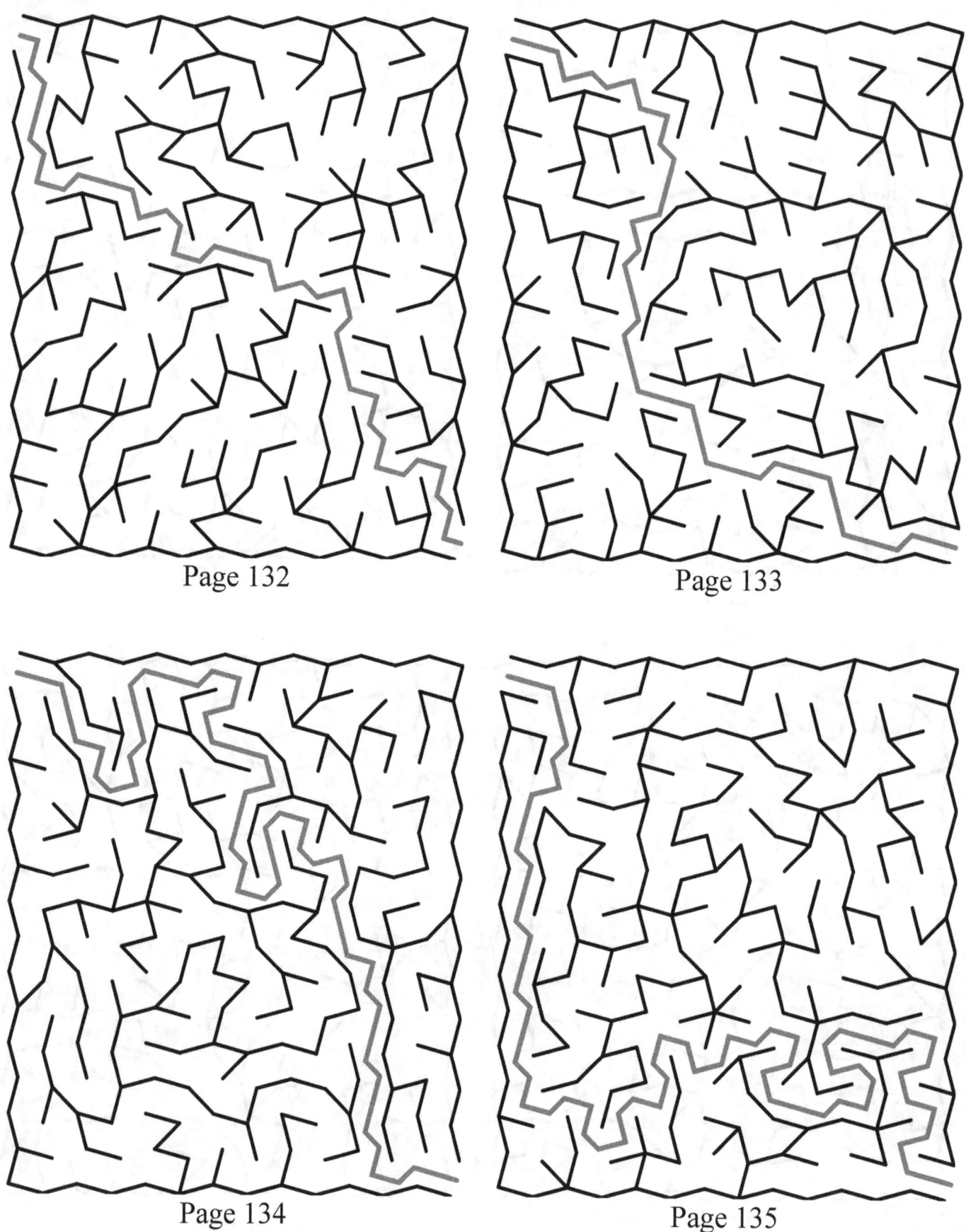

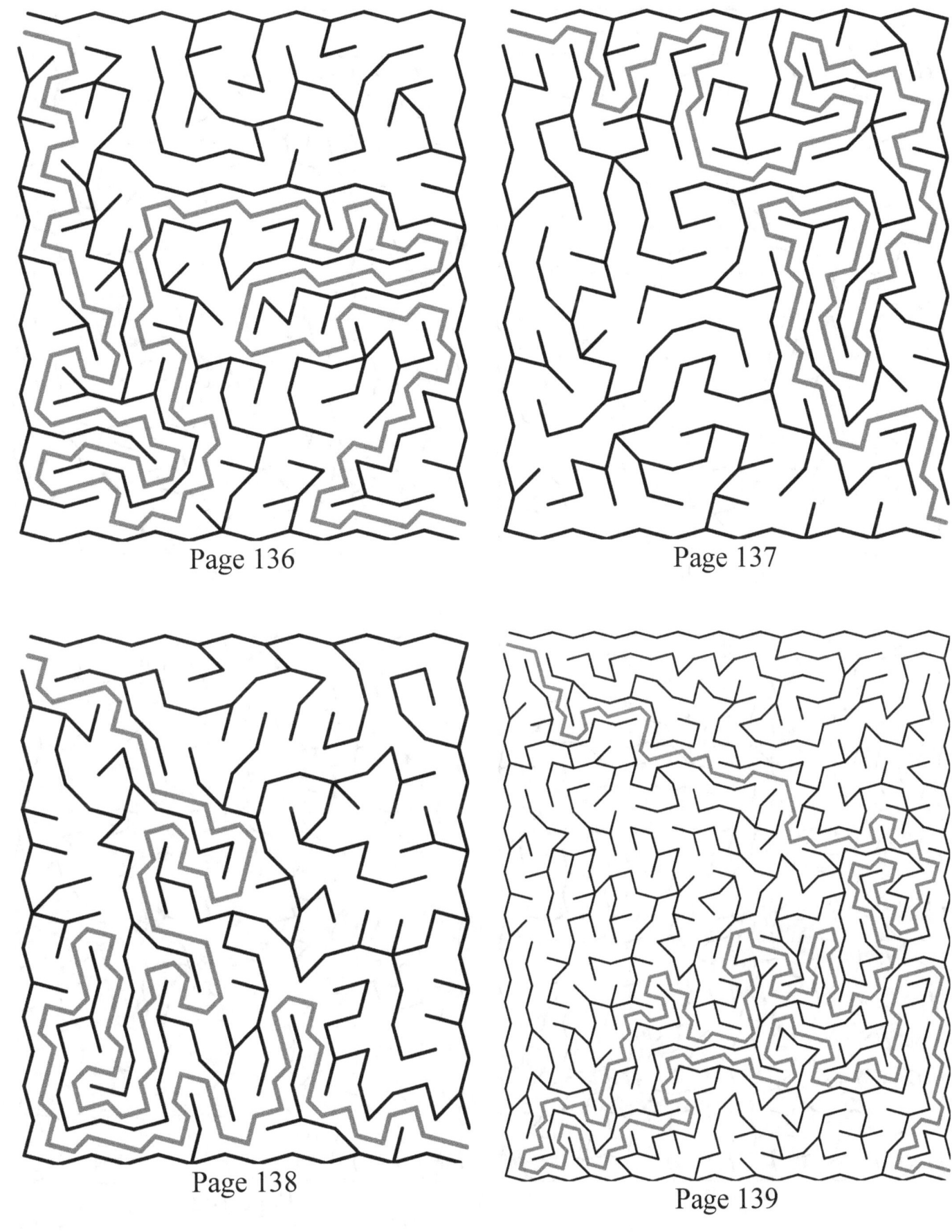

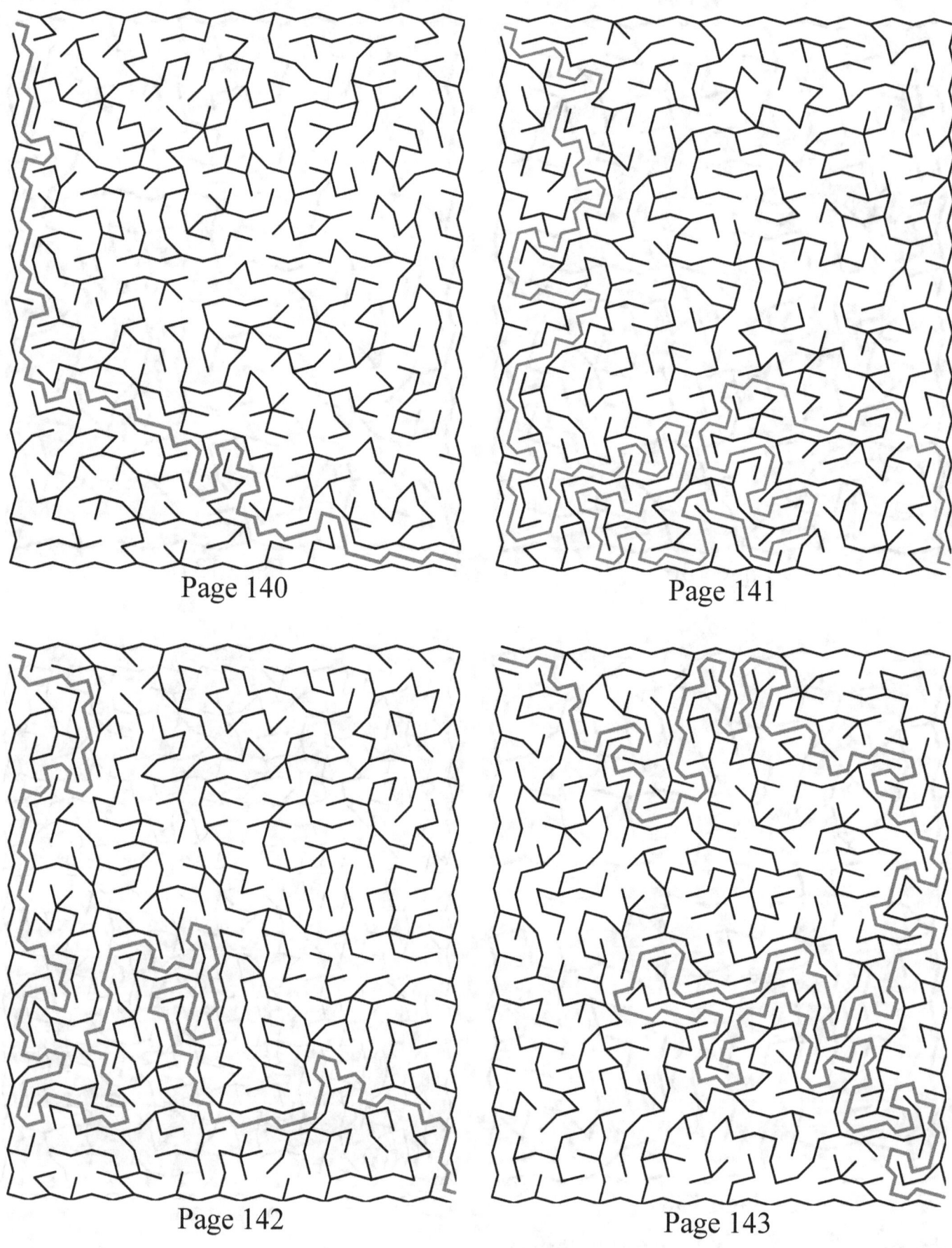

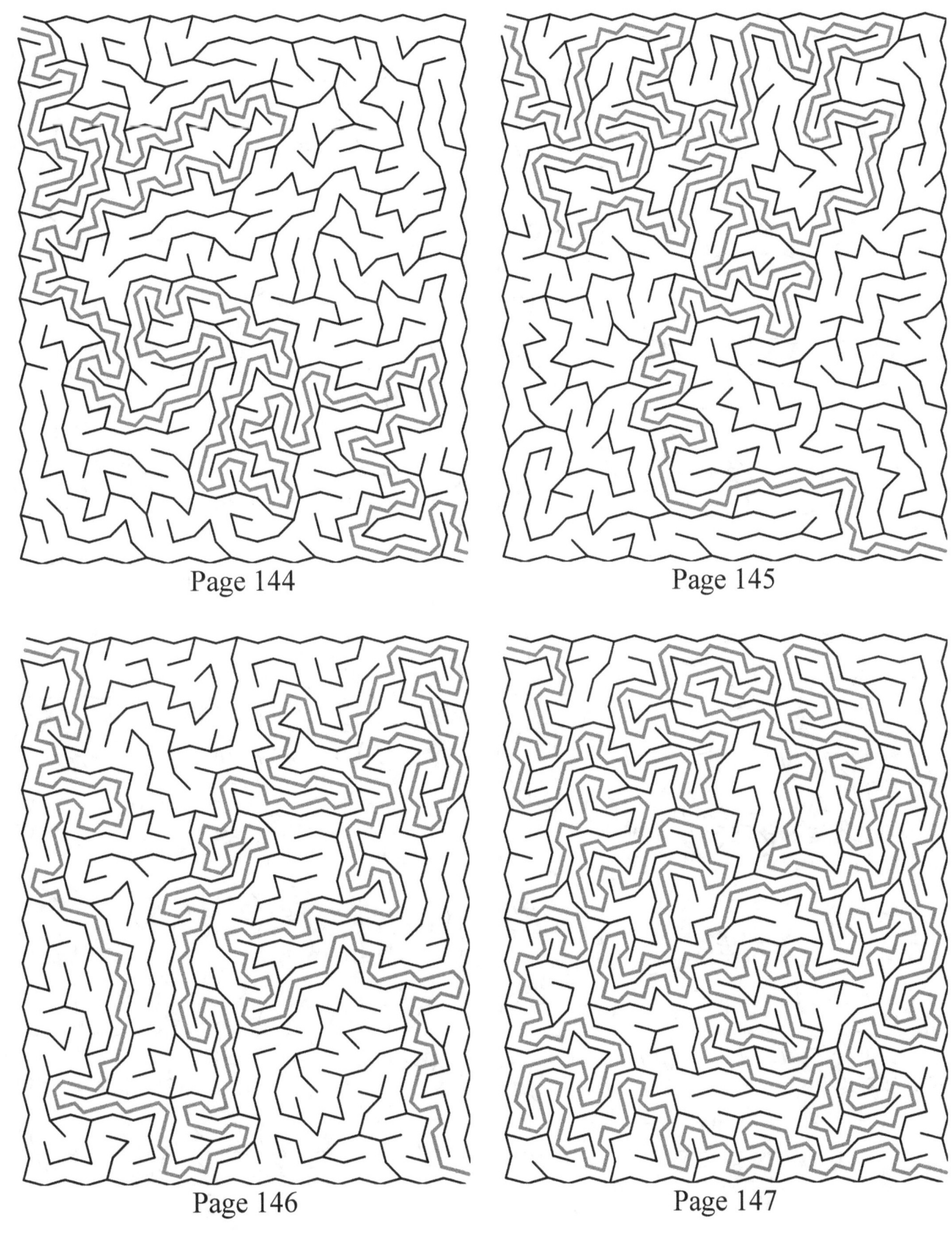

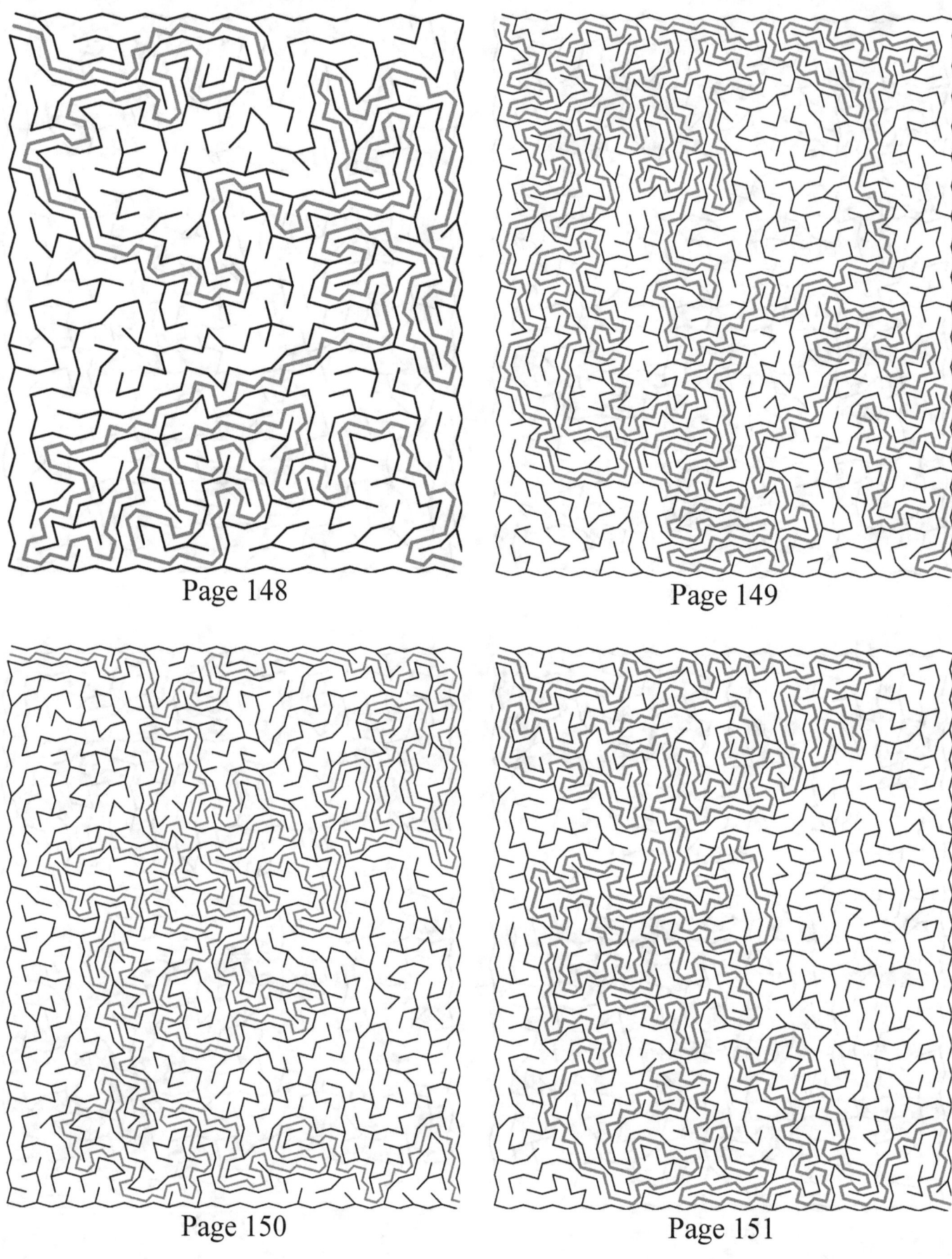

Page 148

Page 149

Page 150

Page 151

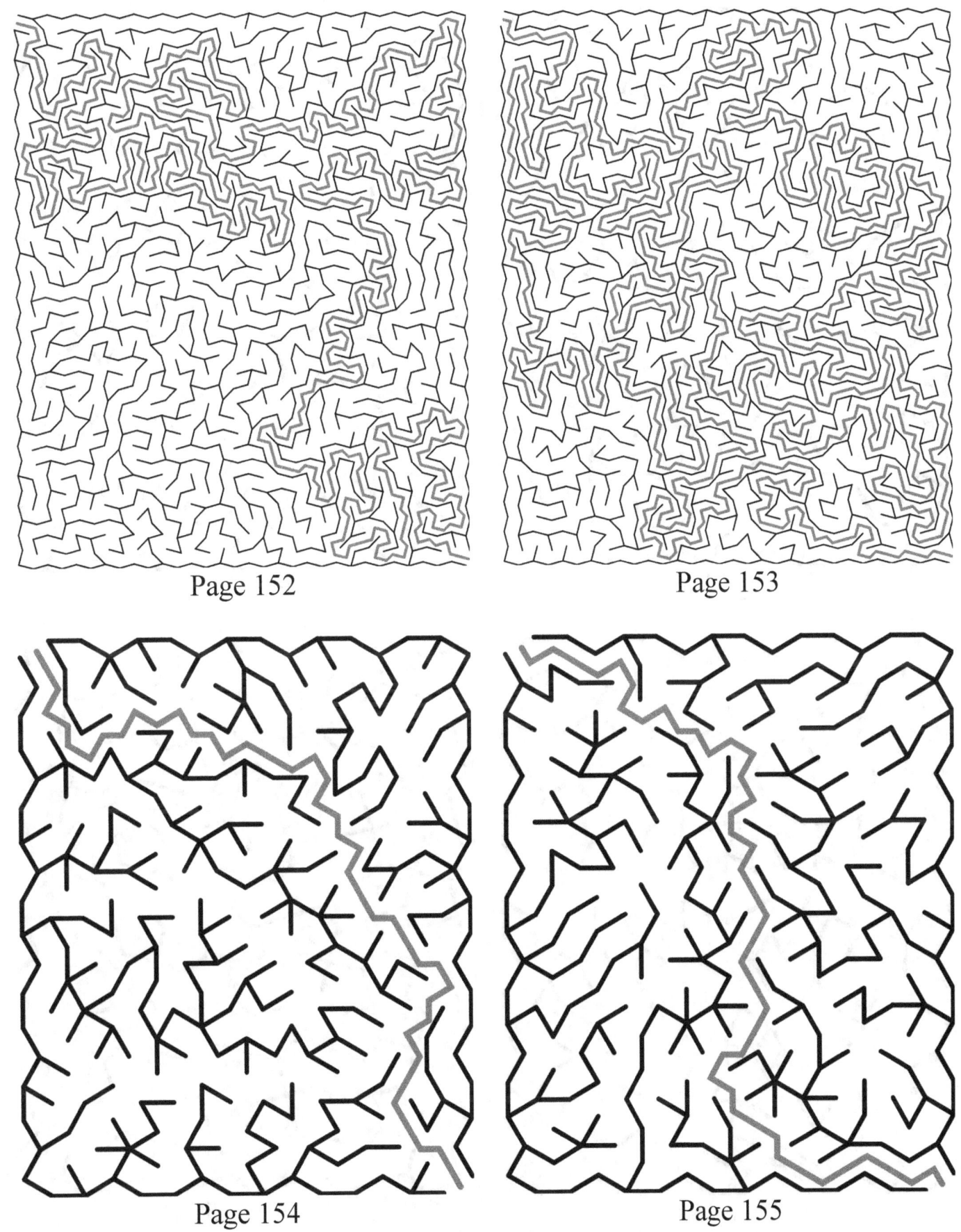

Page 152　　　　　　　　　Page 153

Page 154　　　　　　　　　Page 155

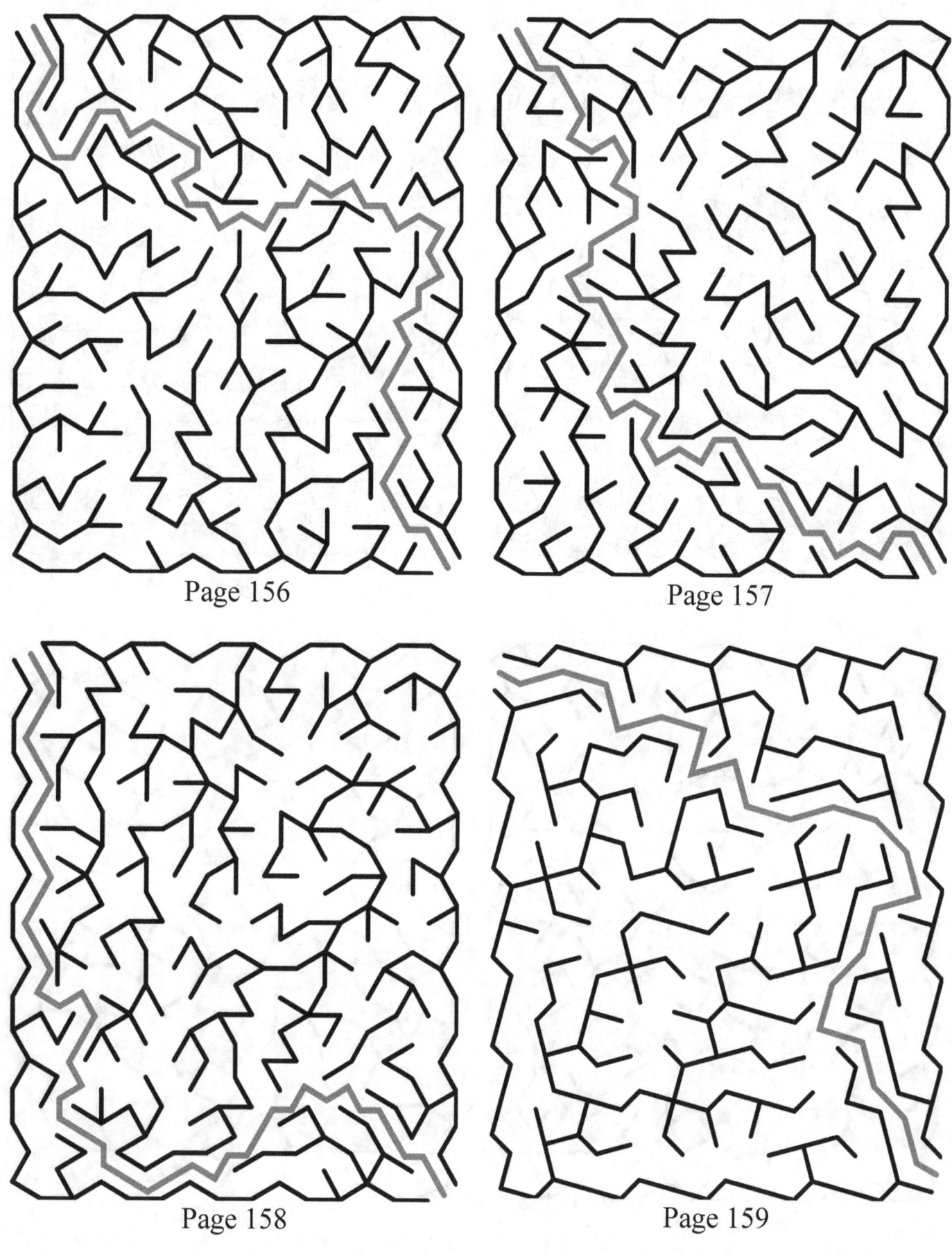

Page 160

Page 161

Page 162

Page 163

Page 168

Page 169

Page 170

Page 171

迷宫大全！ 版权 ©2025 戴维·E·麦克亚当斯。保留所有权利。

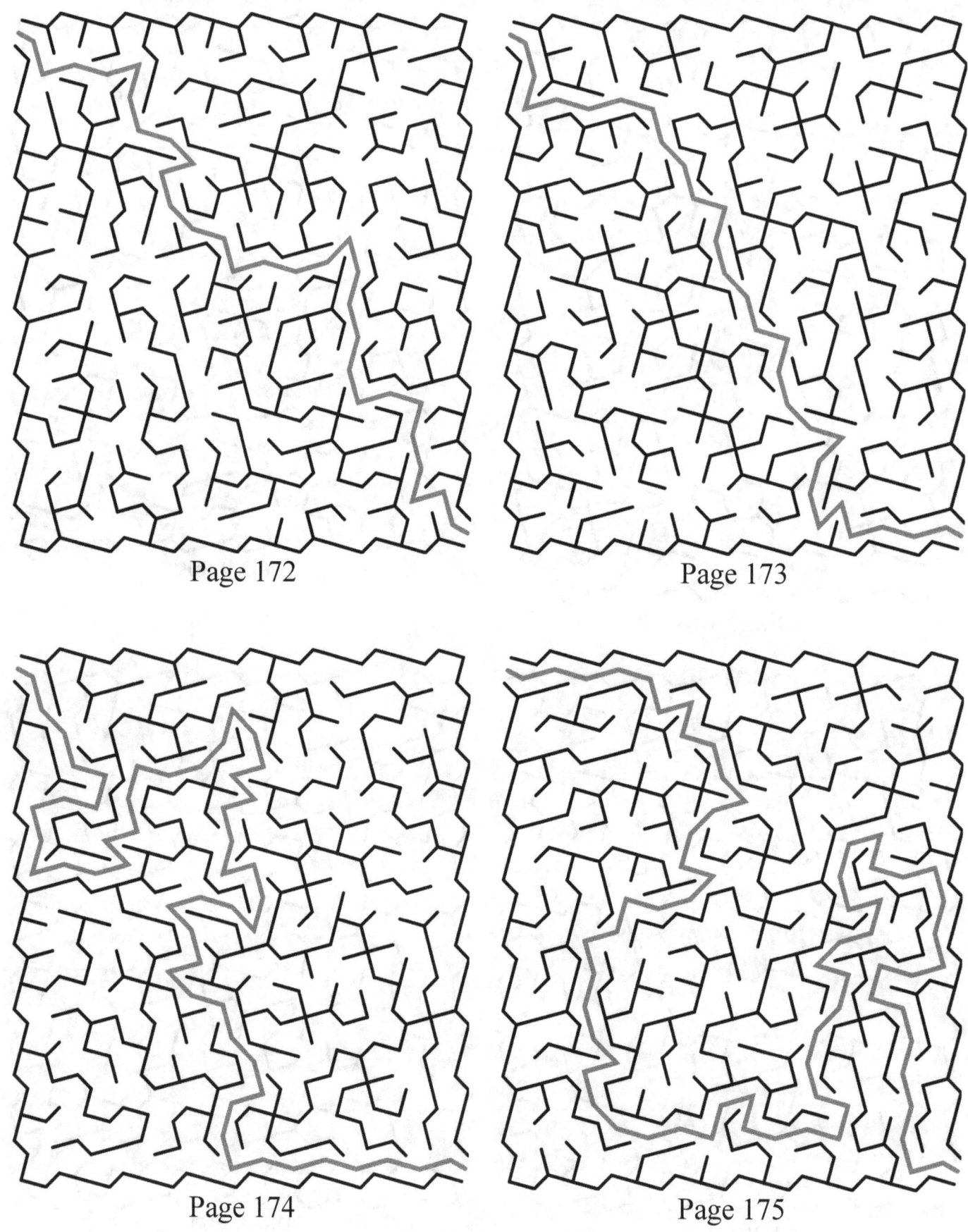

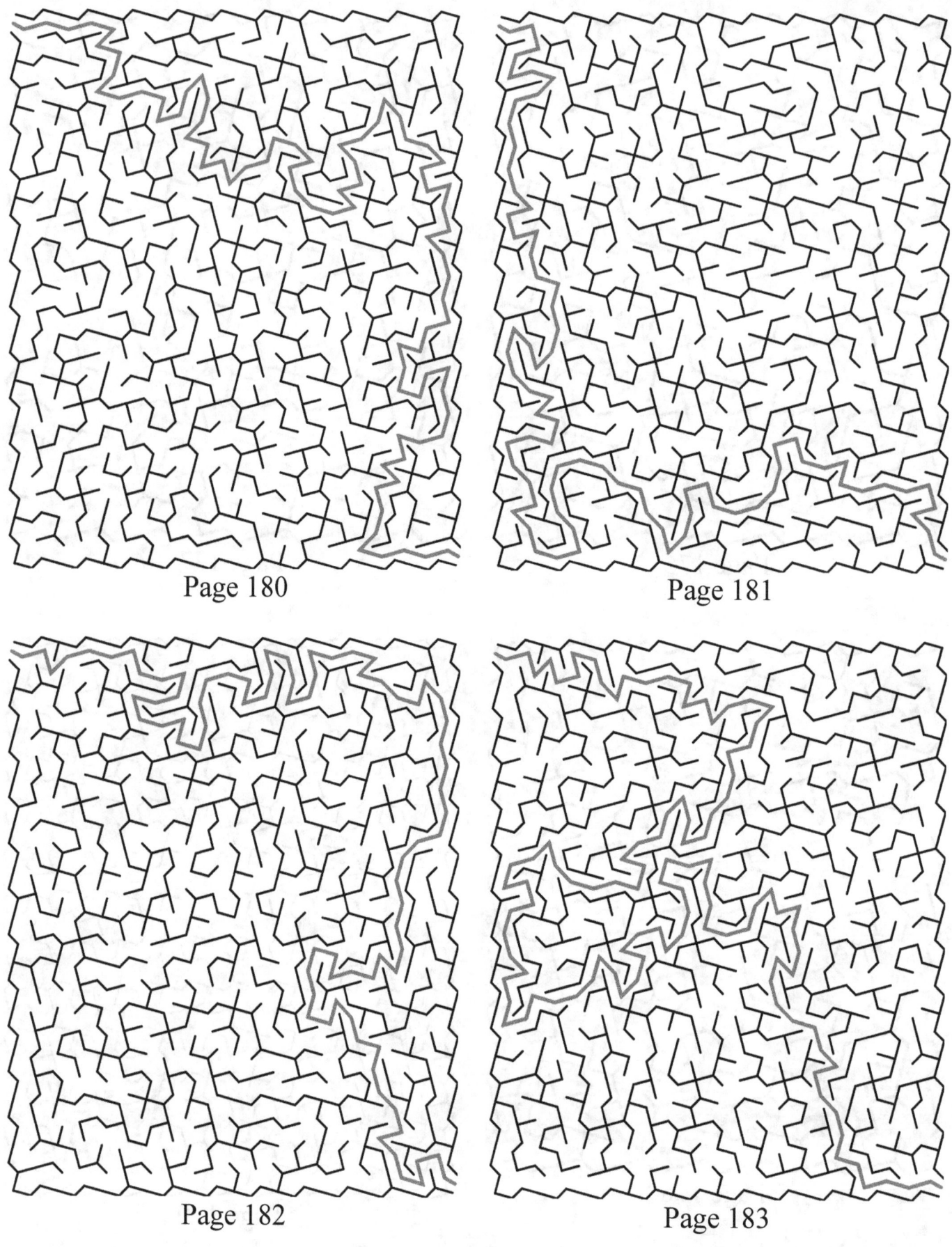

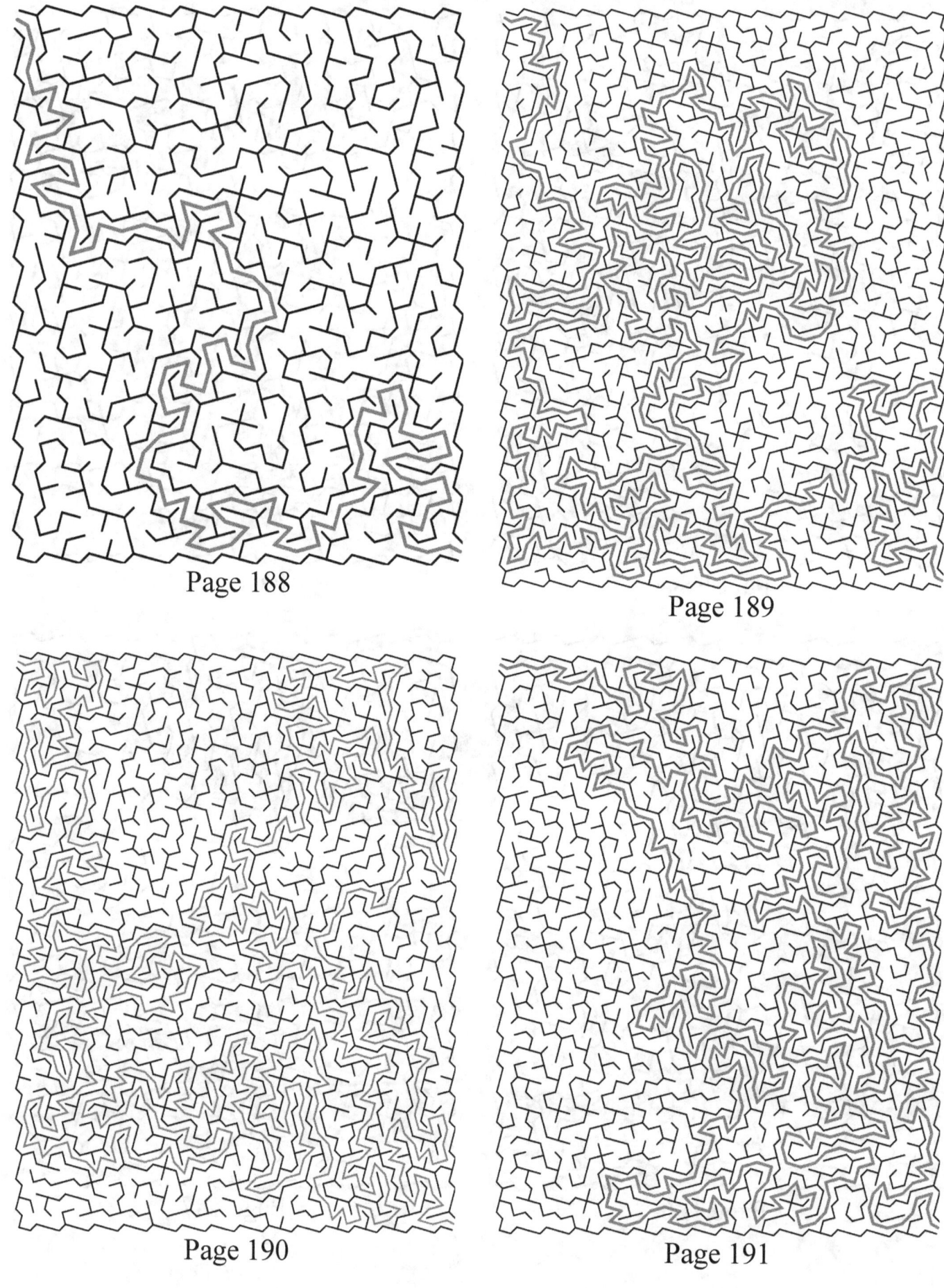

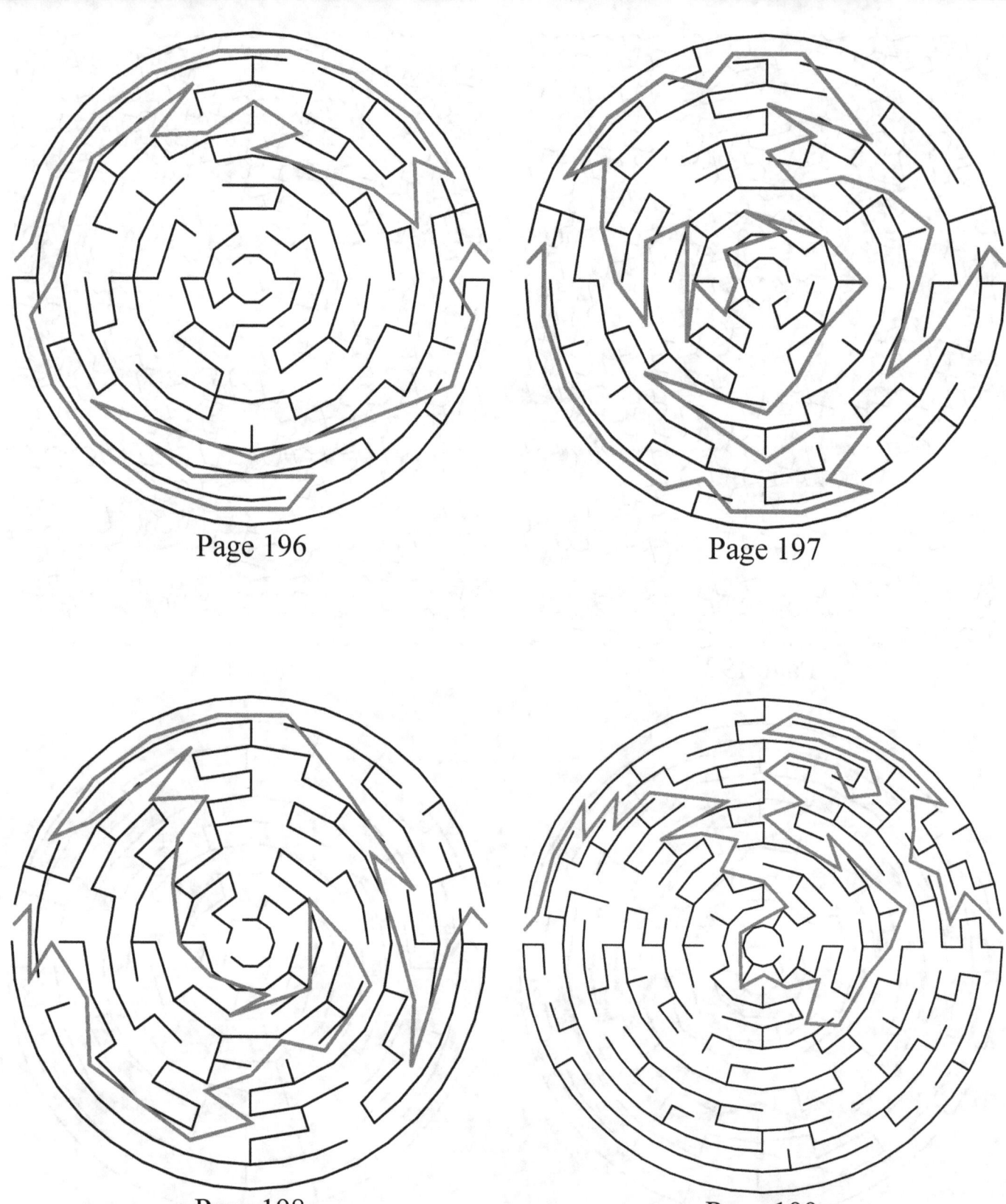

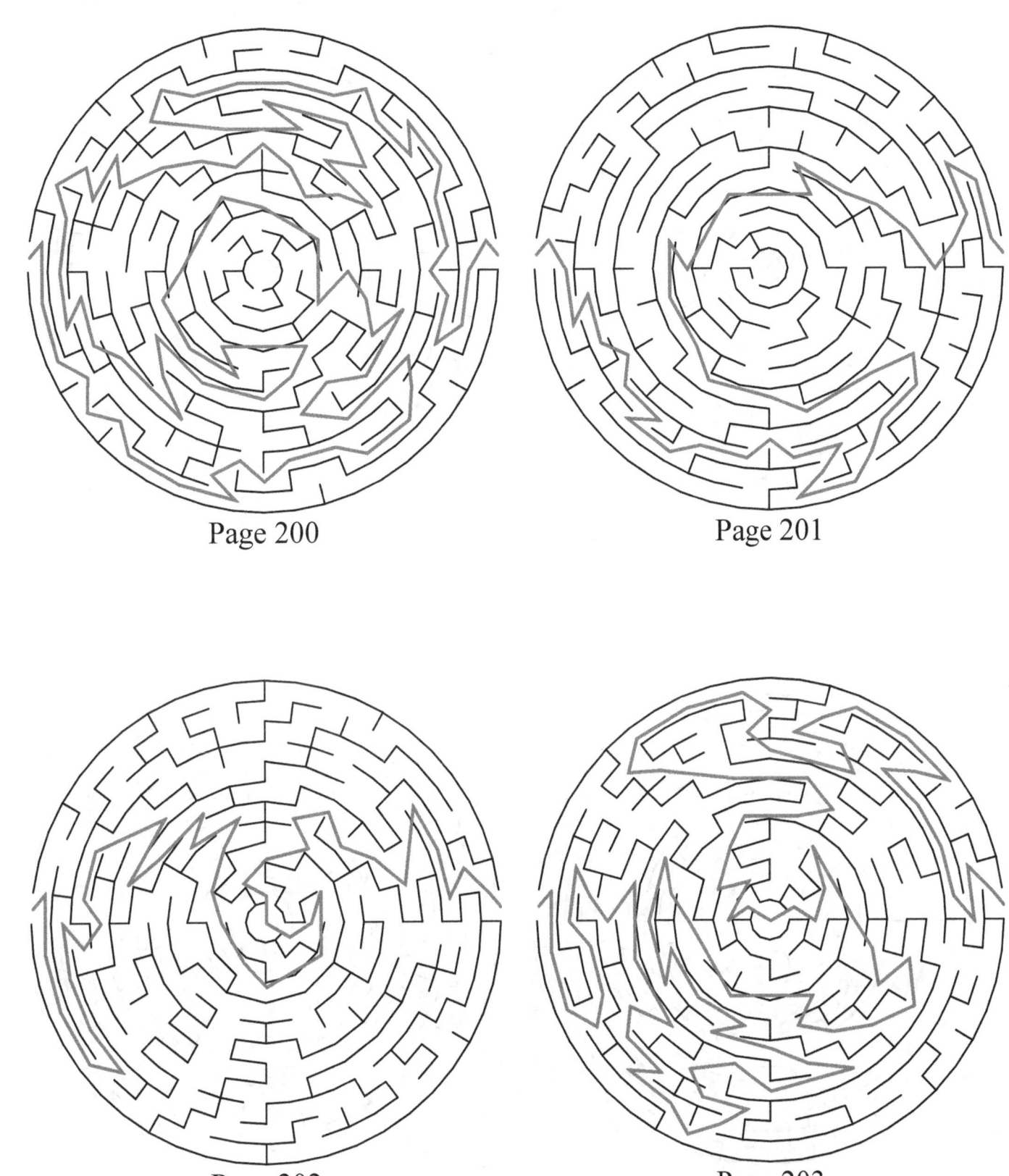

Page 200

Page 201

Page 202

Page 203

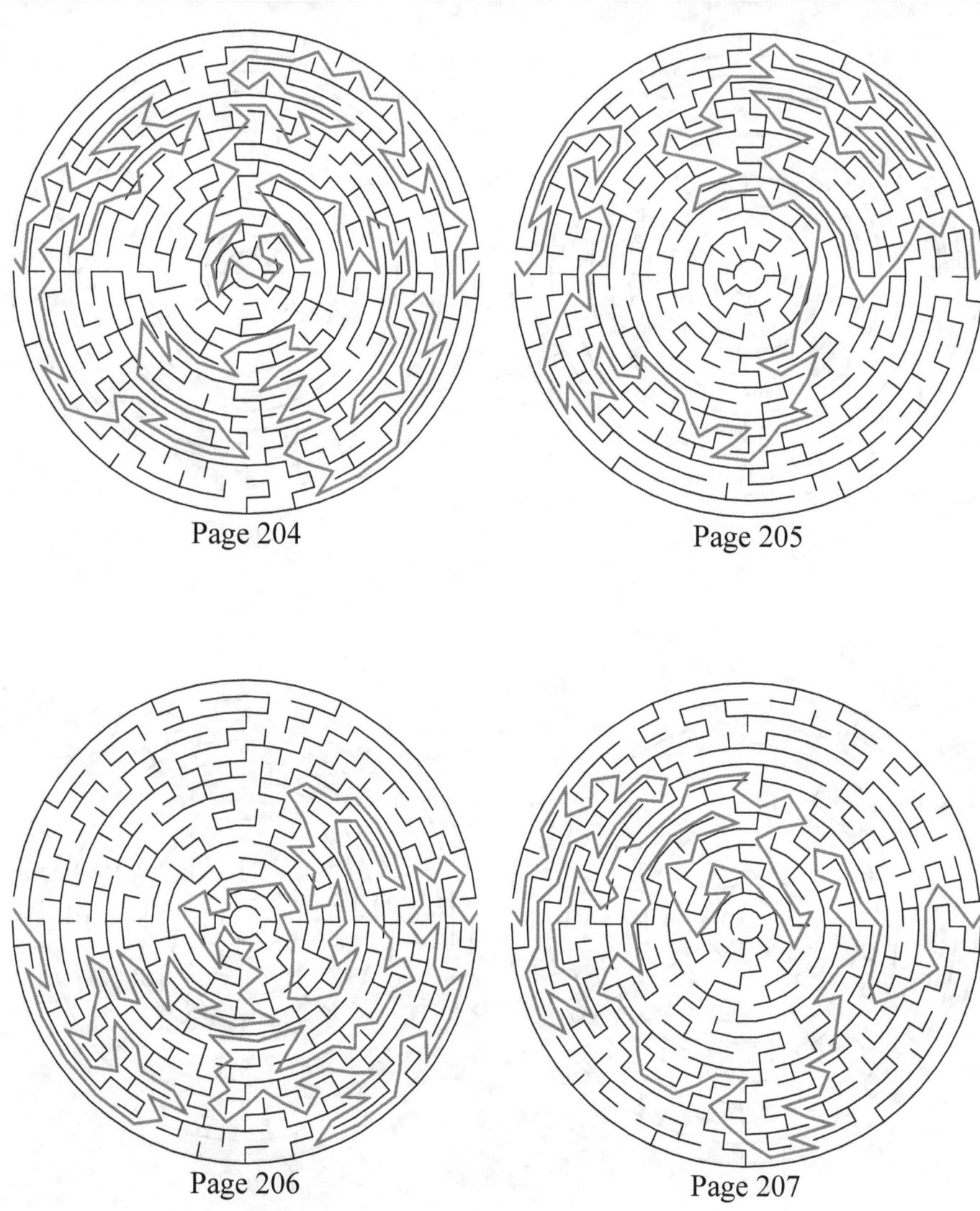

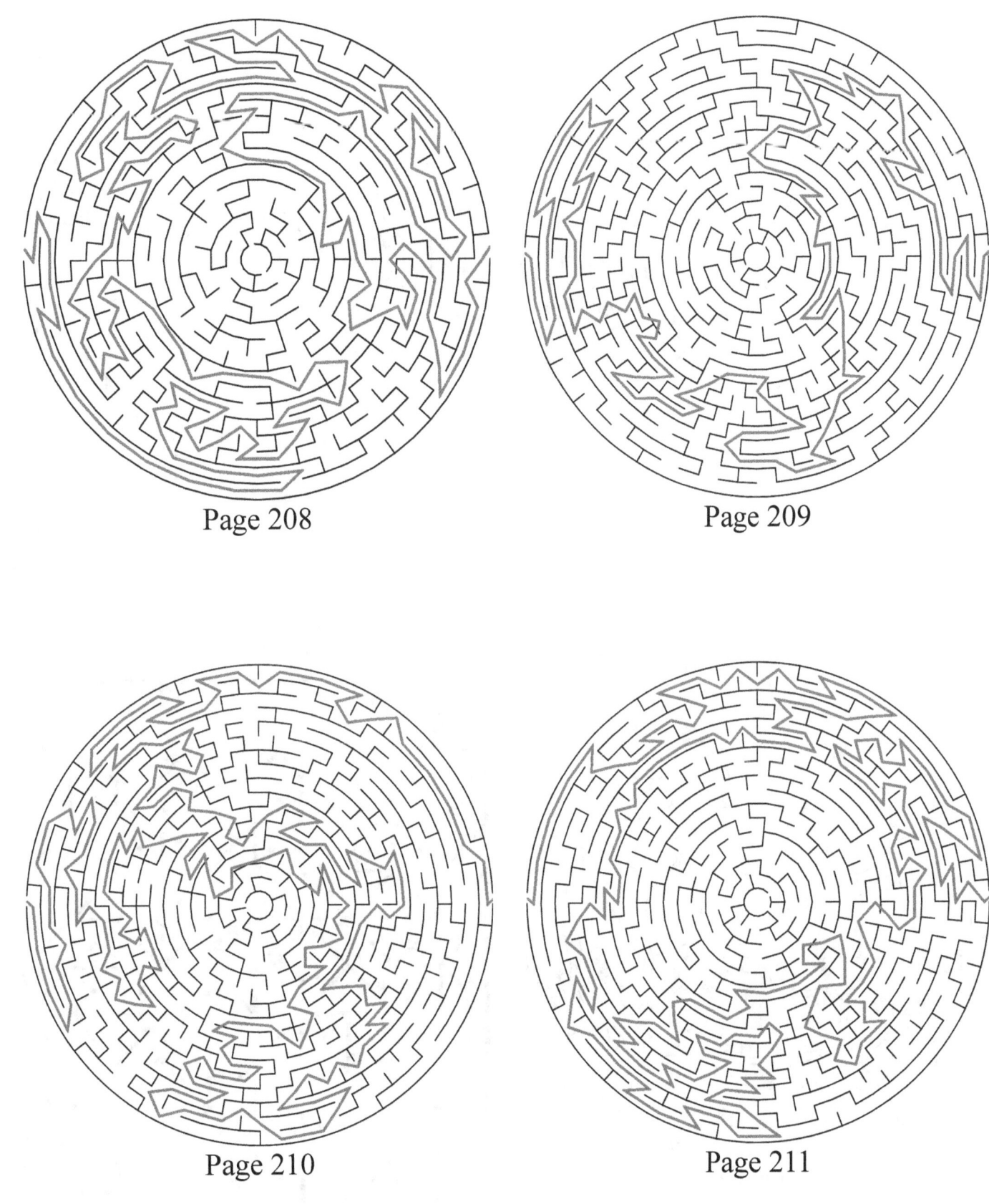

Page 212

Page 213

Page 214

Page 215

Page 228

Page 229

Page 230

Page 231

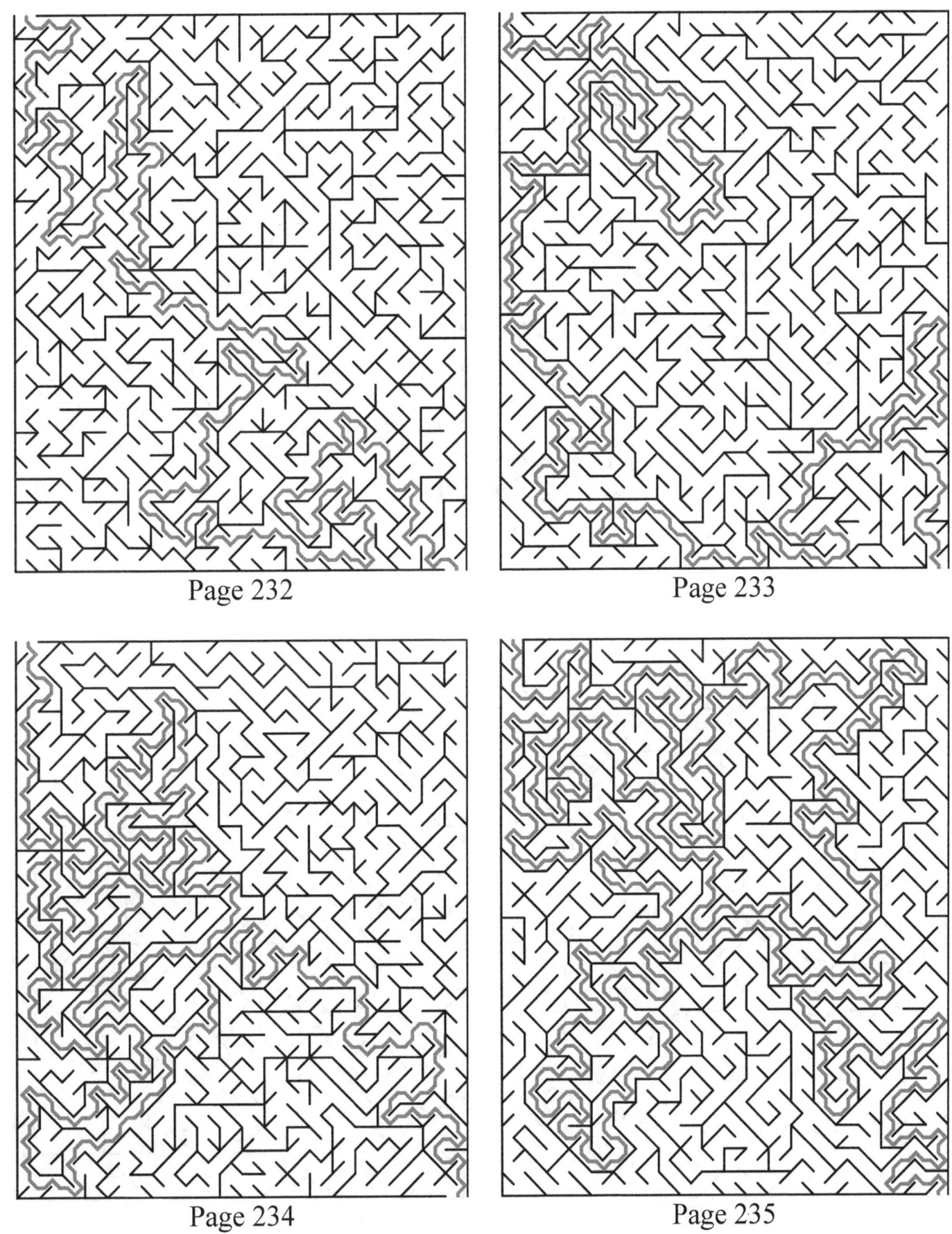

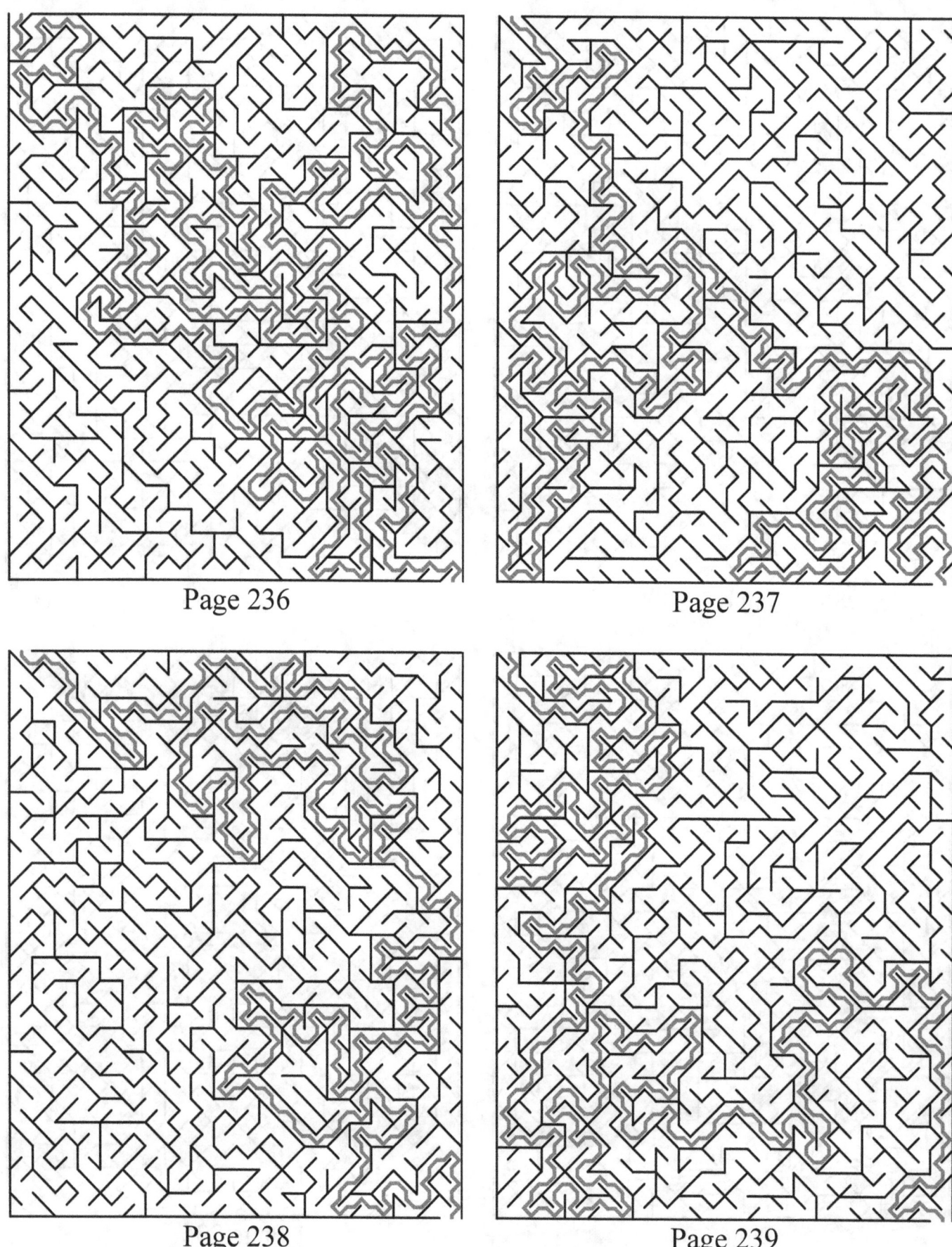

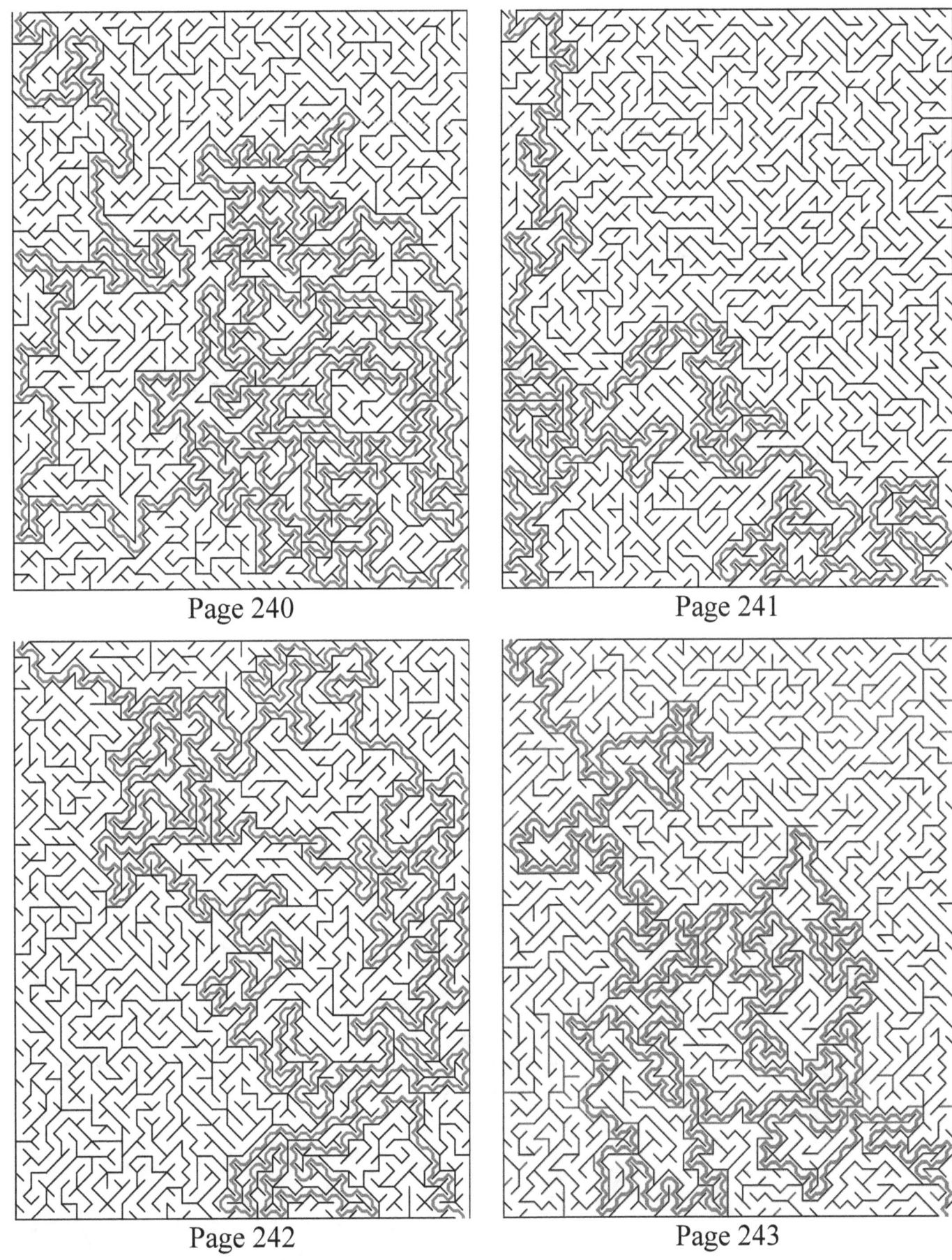

Page 244

Title Page

www.ingramcontent.com/pod-product-compliance
Lightning Source LLC
Chambersburg PA
CBHW081505070526
44586CB00019B/2487